2019年度四川大学中央高校基本科研业务费研究专项（公共管理学院自主立项）资助

城市社区 “微治理”体系研究

CHENGSHI SHEQU
“WEIZHILI” TIXI YANJIU

刘晓燕　杜雯洁　夏艳芳　董　斌／著

西南财经大学出版社
中国·成都

图书在版编目(CIP)数据

城市社区"微治理"体系研究/刘晓燕等著.—成都:西南财经大学出版社,2023.6
ISBN 978-7-5504-5796-6

Ⅰ.①城… Ⅱ.①刘… Ⅲ.①城市—社区管理—研究—中国
Ⅳ.①D669.3

中国国家版本馆 CIP 数据核字(2023)第 098047 号

城市社区"微治理"体系研究
刘晓燕　杜雯洁　夏艳芳　董　斌　著

策划编辑:陈何真璐
责任编辑:王甜甜
责任校对:李建蓉
封面设计:墨创文化
责任印制:朱曼丽

出版发行	西南财经大学出版社(四川省成都市光华村街 55 号)
网　址	http://cbs.swufe.edu.cn
电子邮件	bookcj@swufe.edu.cn
邮政编码	610074
电　话	028-87353785
照　排	四川胜翔数码印务设计有限公司
印　刷	四川煤田地质制图印务有限责任公司
成品尺寸	170mm×240mm
印　张	11.25
字　数	221 千字
版　次	2023 年 6 月第 1 版
印　次	2023 年 6 月第 1 次印刷
书　号	ISBN 978-7-5504-5796-6
定　价	68.00 元

前　言

治国安邦，重在基层。基层社会是各种利益矛盾的集聚点，城市社区日益成为社会治理的重心与基本空间单元。加强社区治理创新，提升社区治理的法治化、科学化、精细化水平和组织化程度，是实现国家治理体系和治理能力现代化的基础工程。

近些年，作为社区治理的创新模式，社区“微治理”秉承“绣花精神”，通过缩小单元、权力下放、整合资源等策略手段，在开展过程中取得诸多成效，能够有效应对城市社区群体多样化、需求多样化、居民异质化、利益多元化所带来的潜在治理风险。城市社区“微治理”以其独特优势受到地方官员的青睐，基层政府积极探索城市社区“微治理”。在学术界，社区“微治理”逐渐引起专家、学者的广泛关注与高度重视。

随着城市社区“微治理”的深入拓展，城市社区“微治理”的“体系化”破题欠缺与实践碎片化问题日益凸显，亟需从理论层面对城市社区“微治理”体系建设予以指导。推进城乡社区治理体系建设，必然要构建城市社区“微治理”体系。然而，目前学术界依旧没能很好地解答城市社区“微治理”体系的生成逻辑、概念内涵、构成要素、制度安排、运行机制等问题。

城市社区“微治理”体系的提出是对推动社会治理重心向基层下移、实现社会治理精细化的现实回应。推动建设城市社区“微治理”体系不仅是实现社区治理高质量发展的关键环节，也是满足城市人民美好生活需要的重要保障。通过聚集和联接价值理念、制度规则、权力结构、主体行动等各领域要素，建构城市社区“微治理”体系，能够系统、有效、可持续地开展相关工作，稳步增强城市社区“微治理”总体效能。总之，开展城市社区“微治理”体系研究，既能够加深对现实问题的理论解释，又能够为基层实践提供行动指南。

本书依据“发现问题→提出问题→分析问题→解决问题”的研究脉络，聚焦城市社区“微治理”体系研究，围绕城市社区“微治理”体系建构问题，精准布局以下关键性问题：①有关社区“微治理”的既有文献取得了哪些研究进展？还存在哪些不足之处？②建构城市社区“微治理”体系，需厘清哪些基本概念？应甄选哪些理论作为分析依据？③城市社区“微治理”体系的历史生成脉络是怎样的？④基于什么样的逻辑，应从哪些维度、视角来建构城市社区“微治理”体系的基本内容框架？⑤当前城市社区“微治理”体系建设存在的主要问题与不足有哪些？面临哪些困境？⑥进一步健全和完善城市社区“微治理”体系，需从哪些方面着力？应遵循怎样的路径？

基于问题之间的内在逻辑关系，本书对章节及其基本内容进行如下安排，以期有效解答上述问题。

绪论：提出本书研究的主要问题与价值意义，通过文献梳理彰显本书研究的重要性，明确方法技术与研究思路。

第一章：城市社区“微治理”体系的基本概念、理论基础与总体设计。这一部分科学界定了有关城市社区“微治理”体系的抽象概念，建立其内在逻辑关联。立足于这些核心概念，围绕研究目的挖掘相关理论基础，为解析、建构和应用城市社区“微治理”体系提供道路。

第二章：城市社区“微治理”的演进历程与实践成效。这一部分采取历史分析法，回顾梳理城市社区“微治理”的演进历程，从历史的高度，以更高的站位，深入分析当前城市社区“微治理”出现的深层逻辑，为开展相关理论研究与实践创新提供目标、资源、途径上的借鉴。

第三章：城市社区“微治理”体系的建构。这一部分从逻辑、要素、运行三个维度着手构建城市社区“微治理”体系的基础框架，厘清场域、内容类型下的价值、目标、主体、客体、工具等不同要素的分布及其内在关联，明晰城市社区“微治理”体系运行的目标机制、驱动机制、合作机制和优化机制，提出城市社区“微治理”体系运行的制度保障、技术保障、责任保障和质量保障。

第四章：城市社区“微治理”体系存在的问题与建构困境。这一部分从多元主体、制度规则、运行效能的视角系统剖析当前城市社区“微治理”体系建设的内部问题、存在的不足及其根源，揭示城市社区“微治理”体系建设面临的外部制约困境与严峻挑战。

第五章：城市社区“微治理”体系的完善路径。这一部分站在全局整体的高度，分别以党建引领为立足点、需求满足为驱动力、要素完善为关键点、制度健全为突破口、机制优化为着力点，分析提出完善城市社区“微治理”体系的现实路径。

本书的写作具体分工如下：刘晓燕设计了本书的整体思路、结构框架、研究方法、技术路线，并在成稿后负责了统稿修订、把关指导、内容审核等工作；杜雯洁、夏艳芳、董斌分别负责了不同章节内容的撰写工作，杜雯洁撰写了第一章、第三章，夏艳芳撰写了绪论、第二章，董斌撰写了第四章、第五章。

由于笔者研究水平有限，书中存在挂漏之处，恳请学界前辈、同仁和广大读者批评指正、不吝赐教。

在本书即将付梓之际，由衷感谢诸位老师的通力协作，诚挚感谢西南财经大学出版社编辑陈何真璐老师的大力支持与帮助，感谢关心与爱护我们的每一个人。

刘晓燕

2023 年 3 月

目 录

绪论

一、问题的提出与研究意义

（一）问题的提出

党的十八届三中全会研究了我国全面深化改革的若干重大问题，指出全面深化改革的总目标是完善和发展中国特色社会主义制度，推进国家治理体系和治理能力现代化①。党的十八届五中全会指出，要推进社会治理精细化，构建全民共建共享的社会治理格局②。党的十九届四中全会指出，要建设人人有责、人人尽责、人人享有的社会治理共同体③。近年来，我国社会治理政策与治理目标持续调整与更新，社会治理重心进一步下移，治理结构与治理单元更加系统化、精细化。

社区是社会的基本构成要素，社区治理是国家治理的基石与“最后一公里”，是社会治理的基础工程、前沿端口与重要途径，直接关系到国家治理体系和治理能力现代化目标的实现。在不断革新的国家治理政策的引导下，政府与公众良性互动机制持续完善，治理结构和治理单元不断系统化、精细化，“微治理”这一基层治理创新实践在各地陆续涌现，是治理重心下移、推进社会治理精细化的实现路径，也是精细化研究领域的主要研究热点。

因此，在“社会治理重心向基层下移”与“社会治理精细化持续推

---

① 中共中央关于全面深化改革若干重大问题的决定［N］. 人民日报，2013-11-16（001）.

② 中共中央关于制定国民经济和社会发展第十三个五年规划的建议［N］. 人民日报，2015-11-04（001）.

③ 中共中央关于坚持和完善中国特色社会主义制度 推进国家治理体系和治理能力现代化若干重大问题的决定［N］. 人民日报，2019-11-06（001）.

进”的背景下，如何持续创新开展城市社区“微治理”实践，如何建构和完善城市社区“微治理”体系，增强城市社区治理能力，提升社区整体治理水平，是理论界与实践界都需要重视的社会问题。

1. 社会治理精细化是当前社会治理的关注焦点

社会治理精细化是建设社会主义现代化强国、实现国家治理体系和治理能力现代化的应有之义，是完善社会治理现代化体系、提升社会治理现代化能力的必由之路。现代化的治理工具和细分化的社会公共事务促使社会治理主体进一步革新社会治理模式，由传统的粗放式、经验化向精细化转变，为打造共建共治共享的社会治理制度夯实基础。近年来，全国各地积极开展社会治理精细化的实践探索，学界也围绕这一主题掀起了研究热潮，社会治理精细化研究成为当前社会治理在学术领域和实践领域共同关注的焦点问题。

2. 治理重心下移是社会治理精细化的关键性问题

社区是构成社会的基本单元，社区治理是社会治理的基石，解决的是社会治理“最后一公里”的问题。只有增强社区的治理和服务能力，真正将社会治理的重心下移到城乡社区，才能更好地夯实社会治理的基础；只有让更多的资源向基层流动，让基层真正实现有职有权有物，才能更好地为社区居民提供公共物品与服务，精准回应社区居民的切身需求。推进社会治理精细化，必须实现治理结构和治理单元的精细化，深化和拓展网格化管理，推动社会治理重心进一步下移。

3. 社会治理实践中面临满足居民需求的巨大压力

满足社区居民的需求是社区治理的基本内容和重要任务。随着社区治理事务日益复杂，治理任务日益繁重，社区居民需求持续多元化发展，社区治理的困难程度和复杂程度也在不断增加。由党政、社区、居委会和物业公司构成的传统社区治理结构无法有效满足居民需求，社会治理精细化需要将居民、社会组织、社区企业等新成员纳入社会治理共同体，形成治理主体间的有效衔接和良性互动，形成满足社区居民需求的主体合力，增强社区的内生力，提升基层治理的回应性。

（二）研究意义

1. 理论意义

基于“习近平新时代中国特色社会主义思想”“集体行动理论”“系统理论”和“社会质量理论”，构建城市社区“微治理”体系是本书研究的关键问题。该问题涉及什么是城市社区“微治理”，城市社区“微治理”体系的建构逻辑是什么、包含哪些构成要素，城市社区“微治理”体系的运行机制有哪些、存在怎样的问题与困境，等等。关于这些重要问题目前国内相关文献不足，学界研究较少，是本书所要重点研究的问题。本书的研究具有较强的学术价值和理论意义，主要有以下三个方面：

第一，构建城市社区“微治理”体系，有利于拓展“微治理”理论研究视角。虽然我国有关“微治理”的实践可以追溯到20世纪80年代，但是真正作为社会治理经验在全国推广却是在2014年，有关“微治理”的学术研究也由此兴起。目前国内对于“微治理”的研究主要集中在“微治理”的概念内涵、治理模式、运行机制、治理主体、基本特征、价值意义、实践困境、优化路径、典型案例等方面，虽然涉及城市、乡村、小城镇等多种场域，但是专门针对城市社区“微治理”进行的研究不多，有关城市社区“微治理”体系的规范研究更少。本书对城市社区“微治理”体系的基本概念、理论基础、建构逻辑、构成要素等进行了系统研究，是“微治理”理论的一个创新的研究视角，有利于拓展“微治理”的理论研究领域。

第二，加强城市社区“微治理”研究，有利于创新当前社会治理精细化研究路径。国内学术界对精细化治理相关的理论和实践问题进行了广泛而深入的探讨，但是碎片化特征明显，目前的研究主要集中于社会治理精细化的内涵外延、结构机制、实现路径等问题。城市精细化治理、社区精细化治理的理论与实践尚处于起步阶段。社区治理是构成社会治理的基本要素，社区精细化治理是推进社会治理精细化必不可少的环节，而社区“微治理”正是社区精细化治理的重要体现。本书对城市社区“微治理”的演进历程、生成基础等进行了系统的梳理，通过构建城市社区“微治理”体系丰富城市社区“微治理”研究成果，在一定程度上找到了创新社会治理精细化研究的路径。

第三，系统研究城市社区“微治理”，有利于丰富中国特色社会主义社会治理理论。“微治理”是我国在社区治理实践的持续创新过程中总结提炼出的全新概念，它强调治理过程中坚持党的领导，实现自上而下的行政治理与自下而上的居民自治相结合，将社会治理重心下移到社区、网格等更小的治理单元，在一定程度上就带有中国特色。本书对城市社区“微治理”的概念内涵、演进历程、实施成效进行了梳理，重点阐释城市社区“微治理”体系的建构逻辑、构成要素、系统运行等问题，对城市社区“微治理”体系进行了深入系统的研究，是对中国特色社会主义社会治理理论的丰富和拓展。

2. 现实意义

随着城市化进程的加快和居民生活水平的持续提升，城市社区出现了社区群体结构复杂化、社区公共事务与服务多元化、社区空间结构差异化等新现象，在社会治理实践中，社区居民的需求更加多元化、个性化，对城市社区治理提出了更高的要求。在“社会治理重心不断向基层下移”和“社会治理精细化持续推进”的社会治理实践背景下，建构和完善城市社区“微治理”体系，增强城市社区治理现代化能力，提升社区整体治理水平意义重大。

第一，构建城市社区“微治理”体系，有利于系统化推进社区“微治理”实践和创新，提高社区治理现代化能力。随着社会变迁和快速的城市化进程，人口流动性增强，城市社区居民的群体结构和居住空间随之发生了巨大变化，而由于治理资源、治理能力等因素的限制，政府部门在传统治理模式下无法将治理触角延伸到社区等微小的治理单元，极易造成社区公共事务与服务的供需不平衡。通过研究构建城市社区“微治理”体系，对什么是城市社区“微治理”、怎样构建城市社区“微治理”体系、如何促进城市社区“微治理”实践等问题进行研究，通过加强现代信息技术工具的应用、建立健全社区治理主体协同机制等手段提高公共服务供给质量，提升城市社区“微治理”成效，有利于从新的角度系统化推进社区“微治理”的实践和创新，进而实现社区治理能力现代化。

第二，推进城市社区“微治理”，能够促进各类治理主体的有机衔接和良好互动，精准回应社区居民需求。伴随着经济的高速发展和社会的持续转型，社区居民的需求呈现多元化发展趋势，越来越多的新的主体加入社区治理，但是如何激发社区内生治理力量的活力，满足社区居民的多元化需求是社区治理的关键问题。城市社区“微治理”的一个重要特征就是治理主体多元化，且建立起了治理主体协同机制，对治理主体之间的相互关系、职责边界、作用方式、沟通形式等进行统筹协调，使得主体的差异化利益诉求得到协调，形成多赢局面。同时，“微治理”强调治理规模和治理事务的微小化以及信息技术手段在治理过程中的深入运用，既可以解决社区居民需求统计单元细分的问题，让更多的“微民生”需求被看到并得到精准回应，又能够打破治理主体间的信息壁垒，加强联系并降低合作成本，更好地促进各类治理主体的有机衔接和良好互动。

第三，创新城市社区“微治理”研究和实践，进一步促进社会治理重心下移，提升社会治理精细化水平。将精细化治理策略深入社区研究，推进社会治理精细化，必须实现治理单元的进一步细分，推动社会治理重心的进一步下移。由于治理资源、治理能力等因素的限制，在相当长的一段时间内，社会治理的重心、资源、职能都无法向基层下移。而城市社区“微治理”主要着力于社区微观治理，解决的多数是社区居民的“微心愿”“微矛盾”等基层治理容易忽视或者力不从心的问题，在一定程度上拓展了社会治理的空间，弥补了基层治理的短板。创新城市社区“微治理”研究和实践，可以让行政力量渗透到社区、网格等长期治理不足的空间，也能更好地推动治理结构和治理单元的精细化，推进社区精细化治理，真正促进社会治理重心的进一步下移，提升社会治理精细化水平。

二、国内外研究现状

（一）国内研究现状

本书以“微治理”为关键词，运用文献计量分析方法，从国家社会科学基金、学术专著及学术论文三个维度对相关文献进行多维检索，试图更全面地收集相关研究成果，更深刻地了解研究现状。通过国家社会科学基金项目数据库检索到关于“微治理”的国家社科基金项目共计 7 项，时间跨度为 2015—2020 年，其中一般项目 5 项，青年项目 2 项，学科归属主要为社会学、政治学、党史・党学等。通过中国国家数字图书馆和读秀学术搜索，以图书为类别，以“微治理”为题名检索条件，共搜索到相关的学术专著 6 部，时间跨度为 2018—2022 年。

以中国知网“中国学术期刊（网络版）”作为来源数据库进行文献检索，以“SU%= 微治理 OR TKA= 微治理 OR KY= 微治理”作为检索式，以 2022 年 11 月 30 日为时间截止点进行专业检索，共得到文献 294 篇。通过数据筛选，剔除研讨会纪要、会议综述、新闻简讯、学者专访、书评、无作者、重复发表以及与主题明显不符的文献，最终获得有效文献 259 篇，时间跨度为 2014—2022 年。相关研究成果主要分布情况如下（见表 0-1、表 0-2、表 0-3、表 0-4）。

表 0-1　国家社会科学基金课题研究分类情况

课题分类	农村社区“微治理”	党建+“微治理”	生态环境“微治理”	社会矛盾“微治理”
数量	2	2	2	1

表 0-2　专著研究分类情况

专著分类	微自治	城管“微治理”	社区教育	微循环
数量	2	2	1	1

表 0-3　期刊研究分布情况（一）

期刊分类	普通期刊	CSSCI 来源期刊与核心期刊
数量	178	81

表 0-4　期刊研究分布情况（二）

学科分类	政治学	行政学	社会学	经济学	其他
数量	137	63	14	5	40

总体而言，目前我国在“微治理”研究方面已经具备一定的研究基础。尹浩在《社区微自治》一书中分析了城市治理重心下移背景下城市社区“微自治”的价值向度、内在机理、发展路径与政策建议，探讨了社区“微自治”与城市治理的关系，进行了城市社区“微自治”培育的实践探索与理论反思。王惠林则在《微自治：中国特色农村基层治理的实践创新

——基于农业型村庄典型案例的质性研究》一书中通过对所调研对象的深度剖析，指出“微自治”将行政村以下治理单元纳入乡村治理体系，转化和利用内生性资源，满足农民群众的内在需求，符合农村社会的客观实际，是中国特色农村基层治理的创新实践探索。刘永定在《东莞城管微治理探索——城管片长工作纪实》和《东莞城管微治理探索——玉兰女子执法服务工作纪实》两本专著中，收录了《遇到烦心事，就给城管片长打电话!》《万江城管片长：服务群众更接地气、更有人气》《柔性执法，用心用情服务》等文章，通过工作纪实的形式展示了东莞城管片长和玉兰女子执法服务队的工作内容，通过实例展现出东莞在城管“微治理”方面的有效探索。陈岩的著作《“微治理”视角下社区教育的实践探索与路径选择》主要分析了社区教育融入社区“微治理”的系统机理和运行机制，以及社区教育融入社区“微治理”的公共价值旨向，并通过梳理我国多地实践案例，初步提出社区教育融入社区“微治理”的实践模式和路径选择。刘晓丽在《中国城市社区治理的微循环（社区公民的生成机制研究）》一书中则通过梳理我国城市社区管理体制和治理模式的变迁历程，阐述社区治理主体面临的困境、困境产生的原因及其影响，进而给出摆脱社区治理困境的政策建议，主要探讨了社区治理的微循环是如何运行和实现的，以及居民是如何转变为公民的。

具体而言，与本书直接相关的国内研究成果主要涉及社区“微治理”的概念内涵、治理主体、治理模式、运行机制、基本特征、价值意义、实践困境、优化路径、典型案例等方面。

1. 多元化视角阐释“微治理”概念内涵

宁华宗（2014）认为“微治理”是“基层治理中所秉承的一种治理态度、治理意识和治理策略”，是在“社会分化、群体异质化、个性发展日益突出”的社会背景下，为了尊重和满足多元利益诉求，促进社会有效整合和积极参与而建立起来的“差异化治理和精细化治理”。陈福平（2015）指出，“微治理”是“以小事为抓手，以生活为平台，以居民为主体，以参与为核心”，在居民日常生活过程中体现自治内容，让居民养成社区自治、民主参与的习惯。孔娜娜（2015）认为应该依托网格化“微单元”，培养居民“微社团”和自组织，通过集体行动让居民参与到社区公共事务的治理中，从而形成“微自治”机制。黎昕、高鸿（2015）则将社区“微治理”定义为对社区事务、组织、生活、行为、主体利益、社会关系等进行规范和管理，使社区成为文明和谐的社会生活共同体的过程。赵丽江（2015）认为社区“微治理”是通过单项制度或项目满足社区居民需求，进而实现社区善治目标的治理模式。尹浩（2016）指出“微治理”是指为了满足居民需求，挖掘社区的精英领袖潜力，打造公益化、自治化的居民社团，进而促进居民自行选择有效方式参与社区公共事务的过程。程同顺、魏莉（2017）则将“微治理”界定为以移动客户端等社交媒介为依托，以现代网络技术为助力，在党和政府的领导下，通过小微载体和平台满足小微事务引发的公共需求，从而构建小微主体共建共治机制，实现社区治理现代化。包先康（2018）认为“微治理”是在公众的日常生活中运用治理理论，以达到满足公民特殊个体或特定群体偏好性公共物品和服务需求的目的，从而建立良好秩序，增进公民福利。陈伟东、熊茜（2019）将“微治理”定义为利用信息技术手段和移动新媒体力量，发挥党委、政府、社会等主体作用，完成政府行政与基层自治功能有效对接，满足居民需求，实现社区精细化治理。

2. 对“微治理”的治理主体进行研究

赵浩华（2021）将“微治理”主体分为三种类型，一是以基层政府、政府派出机构等公权力部门为代表的政府组织主体，二是以政府购买服务的企业、物业公司为代表的、以盈利为目的的市场组织主体，三是以参与社区治理的社会组织和居民群众为代表的社会组织主体。郑晓东（2021）也赞同这个观点，同时他还指出这三类主体在社区治理过程中存在差异化利益诉求，这些诉求在“微治理”实践中得以协调，进而达到让各参与主体都获益的结果，其中社区居民这一主体是关键因素和治理中心。社会在社区“微治理”实践中的主体作用也不容忽视，只有在治理实践中激活社会力量，才能更好地推动实践创新（吴晓林，2020）。张丙宣（2019）还进一步指出，基层政府和社区应该通过“微治理”向居民赋权，将居民、业委会、物业等多元治理主体整合到社区治理中来，尤其要注重发挥市场主体作用，积极将社区周边的商业主体纳入社区共建。而为了保障“微治理”良好运转，基层党组织具有组织者和参与者的双重职责，需要积极构建起“街道党（工）委—社区联合大党委—片区党支部—楼栋党小组—党员中心户”这种纵向到底、横向到边的治理格局。此外，李爱爽（2022）认为“微治理”主体主要有以基层政府、社区两委为代表的党政力量，以微网格长和微网格员为代表的社区工作人员，以物业公司为代表的市场化主体，以社区志愿服务人员为代表的社会组织，以及广大的居民群众；有效的“微治理”是由实际的社会治理环境与多元的治理主体及其能动性共同决定的。“微治理”体系区别于政府部门整体性治理体系，是社会、市场组织等民间主体运用市场和非市场力量实现公共利益和价值，在微观领域自发形成的互助网络体系（张勇、刘军，2016）。

3. 探析社区“微治理”模式及运行机制

宁华宗（2014）认为“微治理”是一个系统工程，是由“微结构、微机制、微项目、微参与”相互衔接、共同构成的有机整体。全永波（2018）则认为“微治理”重点着眼于“微”，主要发展方向集中于主体下移、对象微小、技术信息化的“微治理”技术、“微治理”单元、“微治理”机制等方面。陈伟东、熊茜（2019）将城市社区“微治理”模式归纳为一元领导核心与多元主体参与相融合的协同治理模式，利于充分发挥“党委领导、政府负责、社会协同、公众参与、法治保障”的社会管理体制功能。这是一种通过回归社区，解决社区居民公共需求，推动社会治理创新的新模式。崔占峰（2020）等进一步指出，“微治理”机制的优势在于让每一个治理者与被治理者以及其他相关的治理主体都参与进来，进而达到共治和治理收益由所有参与者共享的目的。郑晓东（2021）从场域理论出发，运用场域空间、资本交换和惯习行为这三个核心概念来关照社区“微治理”实践，并结合个案分析阐释社区“微治理”的生成和运行机制，即通过“微项目”这一媒介在目标社区内构建特定场域空间，然后促使各类社区资本在这个场域空间内进行交换和整合，进而重构社区居民的惯习行为；最终在社区中形成以政府为主导、以居民为主题的多元主体间利益的协调机制，实现“自上而下、自始至终的纵向、横向权力监督管理闭环”，构建出赋权增能与约束监督相辅相成的长效机制，同时让各类治理主体参与其中又同时受益，形成治理目标与治理行为的互构机制。李爱爽（2022）则主要是从治理单元和治理主体两个维度去研究社区“微治理”

的运行机制，一是通过在既有网格化管理模式下划分微网格，进一步细化下沉治理单元，二是通过引入党政力量，有效开展组织动员、规则供给和社会组织培育。武中哲（2022）则认为社区“微治理”的目标主要是解决社区居民个性化的微小需求，需要兼顾国家福利资源下沉带来的“供给侧”社区福利和居民自治所营造的“需求侧”的社区福利，既不能忽视自下而上的制度需求，也不能丢掉自上而下的制度供给，社区的“微治理”模式就是要实现两者的协调共生。

4. 研究“微治理”的基本特征及价值意义

宁宗华（2014）认为“微治理”强调要遵循“党委领导、政府负责、社会协同、公众参与”的总体思路，兼具尊重现实和差异、强调参与及自治、注重回应和高效、关注平等与民主等特点。同时包先康（2018）指出“微治理”关注特定范围内社区居民日常生活的“微参与引导、微问题解决、微事情处理、微心愿满足、微机制和微环境建构”等，具有“贴近公众生活、灵活性、具体性、针对性、运用微技术和微智慧、精细化”等特征。而“微治理”的“基层性、居民需求的多样性、服务的综合性以及与基层政权结合的紧密性”等特征则决定了“微治理”在社会治理中的基础地位（李璐，2018）。李婷婷（2018）认为各地社区“微治理”的具体样式虽然存在差异，但是归纳起来仍具备几个基本特征：一是“微治理”的治理单元呈阶梯式向下延伸，从传统的社区延伸到小区、楼道甚至门栋，具备民间性和草根性；二是“微治理”的治理主体多元化并呈网状横向扩展，从传统的街道、社区、居委会工作者扩展到居民群众、社会组织和驻区企业等，更具群众性；三是“微治理”单元的决策权和资源分配权等治理权力既直接由社区赋予又经过了各项制度的确认，具备规范性；四是治理形式更多依托项目制，真正实现以居民实际迫切需求为导向，更加精准和精细化；五是核心工作为“微事务”，且十分强调党的领导和党员在治理过程中的榜样作用，重点是形成党领导下的多元化主体互助合作机制。“微治理”既代表一种治理态度和治理意识，也是一种治理策略，面对当下社会高度异质化的现实，“微治理”能够在最大程度上尊重和满足多元主体的利益诉求，从而使整个社区都得到有效整合。此外，陈伟东、熊茜（2019）认为社区“微治理”通过发挥“多元协作、降缩单元、利益联结、赋权增能”等机理优势，有效弥补了社会治理领域中政府“越位”及社会“缺位”的不足，推动了社区精细化治理，形成了社区居民积极参与治理的氛围，构建了多元主体共同治理的格局。有效的社区“微治理”能够使居民个体实现与国家整体的有机融合，能够保障国家的信息指令及时地上传下达，各项福利政策实实在在地落地，最终实现基层民众幸福感和获得感的提升（武中哲，2022）。汪仲启、周彦如（2022）则是从四个层面概括了“微治理”的基本特征，即“治理单元的微缩性和可及性、治理主体的内生性及多元性、治理事项的生活化和关联性、治理方法的直接性和民主性”；同时，他们认为“微治理”具有压缩和沉降治理单元、统筹和整合分散利益、多维度多主体赋权、激活治理主体意识、柔性化多元化手段提升治理效能等价值意义。

5. 探究“微治理”的实践困境及破解之道

李婷婷（2018）指出，“微治理”作为一种新型治理形式，实践效果良好，但也仍存在诸多局限和挑战，具体表现为“微治理”的主体身份合法性还有待进一步明确，管理体制和工作机制也有待进一步完善，同时“微治理”的可持续性和可复制性也有待进一步加强，容易出现机械和过度推广某种经验的现象，普适性不足。鉴于此，我们应该有针对性地进行改善，如完善社区居务监督委员会的工作职责和管理体制机制，改革社区“微治理”运行机制，和谐统筹和衔接政府管理与群众自治，结合自身实际借鉴和推广其他社区“微治理”经验，从政府层面关注“微治理”多样性的保护。郭晓敏（2020）则表示为了更好地打破社区邻里的“冷漠症”、克服居民集体行动困境和解决社区小微问题，在开展社区“微治理”的实践中，需要通过采取突出党建引领、培育社区社会组织、汇聚社区社会资本、支持发展社区基金等措施，提升“微共治”整合力、“微主体”协同力、“微自治”凝聚力和“微项目”助推力。王倩、危怀安（2020）发现由于“微治理”的主体复杂多变，由“利益失衡、责任分散、公共精神孱弱以及制度保障缺失”引发的“行为、目标、价值、秩序”博弈，会给“微治理”带来诸多现实困境，需要通过进一步聚焦治理目标、梳理治理需求、畅通利益表达路径、培养主体性公共精神、构建居民合作空间等措施来实现社区“微治理”主体协同，突破“微治理”难题。梁贤艳、江立华（2020）则主要针对城市社区“微治理”中政府职能边界明确这个难题进行深入探讨，因为政府过度介入社区“微治理”过程，容易产生“行政吸纳社会”的现象进而降低居民动力，但如果完全对“微治理”实践置之不理，又易导致“行政抛弃社会”的现象发生，致使基层治理失序。为解决政府面临社区“微治理”的两难窘境，该课题组分别从居民需求的紧迫程度和居民针对该需求取得共识的强度两个方面，对“微单元”内的居民需求进行类型学建构，得出四种类型，即紧迫—共识型需求、紧迫—分歧型需求、缓和—共识型需求、缓和—分歧型需求，进而对应提出居民“自治”、政府参与“共治”及政府主导“他治”三种策略，这样一来面对需要“自治”和“他治”的需求，政府职能相对明确，而面对需要共治的需求，政府则应根据治理所处阶段履行“刺激需求、助力共识、促成行动、培育情感”等相应职能。此外，郑晓东（2021）认为，在“微治理”模式取得显著成效的同时，在其快速发展过程中出现了一些新的问题，主要表现为居民自治组织构建治理的场域的能力有限、在居民关系行为的改善过程中仍然会受到传统社区管理模式的掣肘以及现有的治理资源欠缺较好的长效机制进行统筹。这些问题亟待通过加强社区“微组织”建设、重塑再造社区“微治理”结构、构建资源统筹的“微联动”机制等措施来解决。王宏强（2022）认为社区“微治理”存在社区居民自治能力和社区居委会治理能力较弱、社区互动机制和社会组织力量不足等现实困境，需要通过提高社区居民参与积极性和主体责任意识、完善互动机制和“微治理”平台、加强基层党建引领作用和治理队伍建设等措施来破解难题。

6. 以典型社区为例研究社区“微治理”问题

李璐（2018）透过社会治理精细化视角，将“微治理”看作社会治理的微观表达，认为社区“微治理”是社会治理的基础，是社区治理精细化的实践指向。同时李璐以成都市成华区为例，深入分析了城市社区“微治理”的实现路径，如成立“成华区服务治理大联动中心”，推行“互联网+社会治理”和“互联网+社工、社区、社团、社会”的“四社联动”机制，同时建立“区—街道—社区—院落”四级社会组织孵化体系和“1+1+X”的“微治理”体系等。杨恒（2019）则是基于社会空间视角，以成都市犀和社区为例，针对社区人口规模激增、管理幅度扩大等现实问题，尝试推进“以基层党组织为引领、业主委员会为主体、院落委员会为辅助”的小区“微治理”模式，推动社区治理创新。郭晓敏（2020）全面总结了合肥市滨湖世纪社区以“六个导向”（需求、自治、示范、枢纽、项目和问题导向）推进“微治理”的创新实践，如在传统社区党群服务中心基础上构建小区睦邻中心，创设“我家公共客厅”项目，打造“社区—小区—楼组”三级公共空间网络，开展“四美一好”楼组建设活动，挖掘“社区领袖”“社区能人”等“关键少数”，设立公益坊（专门社会组织孵化平台）和帮客联盟（枢纽型社会组织），与社会慈善基金会共同成立“U 基金”，构建三级社区协商体系等。王宏强（2022）分析了 B 市 X 街道社区治理面临的深层次矛盾和问题，介绍了该街道下辖社区从“家门—楼门—网格—小区—社区—全域”六个层级，开展“微需求—微组织—微平台—微资源—微服务—微机制”协同联动的“六微”社区治理的实践经验。李爱爽（2022）则是在现有“微治理”理论研究的基础上，通过对 A 市 C 镇“微网格”“微治理”新型治理模式的实证研究，对小城镇社区“微治理”实践进行了总结，其具体做法是构建“镇—社区—网格—微网格—户”五级联户网络，在微网格内设置工作室，并配备一名微网格长和若干名微网格员，从而保障社区“微治理”机制良好运行。

（二）国外研究现状

“微治理”是我国在社区治理实践的持续创新过程中总结提炼出的全新概念，它一方面强调治理过程中坚持党的领导，在一定程度上带有中国特色，另一方面注重推动居民自治，是社会治理理论在中国的实践和发展。由于“微治理”概念东西方之间的不对等，以及国内外政治体制的差异，国外并没有针对社区“微治理”的专门研究。对于国外研究现状，本书主要从国外关于社区的概念、内涵及特征，与社区相关的多元化理论、与社区治理相关的理论，与社会治理相关的实践研究，以及社区自治五个方面，对与社区“微治理”类似的研究进行梳理。

1. 社区的概念、内涵及特征研究

“社区”的概念最初由德国社会学家 Ferdinand Tönnies（1887）提出。他在《共同体与社会：纯粹社会学的基本概念》一书中，对“社区”与“社会”这两个概念进行了比较，首次提出了“gemeinschaft”这一德语概

念，此概念对应英文一般为“commune”或“community”，在中国则一般被译为“社区”“共同体”“共同社会”“社群”等。滕尼斯（Ferdinand Tönnies）认为“社区”是基于亲族血缘关系和自然情感生成的社会有机联合体，“人们在社区里，自出生之日开始就与伙伴们一起生活，休戚与共，同甘共苦”，因此社区内部十分团结且富有凝聚力和人情味，社区中的成员紧密联系，合作性强，这完全不同于“社会”这一由人与人之间的契约关系和“理性意志”缔结的联合体概念。同时期的 Émile Durkheim（1933）则是用“机械团结”（mechanical solidarity）和“有机团结”（organic solidarity）理论进一步发展了滕尼斯的“共同体”理论。Émile Durkheim 认为原始社会或乡村是机械团结，即社区内成员间的分工程度和相互依赖性弱、集体意识和同质性强，而有机团结存在于近代工业社会或城市社区。随着社会分工的不断细化，个体间的差异性和相互依赖性增强，集体意识减弱；“正是分工，让越来越多的个体承担起原来由共同意识承担的角色”，个体价值观日益多元化，他们是相互独立的但仍然不能脱离社会整体，要为社会整体服务，使得社会形成一个真正的有机体。此外，Max Weber（1924）还提出过“完全城市社区”的概念，主要是指中世纪那些基于内聚力而具备自主防卫力量的欧洲城市，但现代城市社区并不在此列。到了 20 世纪 20 年代，芝加哥学派开始进行与社区相关的研究，Robert Ezra Park（1952）就是其中的代表人物，他通过记录和分析芝加哥城市中不同的社区类型及其变迁，创造性地提出了人文区位学理论，将城市看作由差异化的个体构成的较大规模的高密度“聚落”，认为城市化和异质性会带来城市生活方式的变革，也会对城市社区的存在产生显著影响。美国的社会学家 Saul David Alinsky（1989）则是通过总结前人和自己的实践经验，开创出了阿林斯基主义这一社区发展模式，为全新的社区组织理论打下了基础。他认为一个社区组织应该由一个坚定捍卫本地政治经济利益的合格组织者来带领，而不是听命于一个“殖民式”的领导者；同时社区空间内部各种利益群体需要通力协作进行“组织的组织”（organization of organizations）；而社区组织化是植根于实际的无意识形态，获得权力是其终极目标。

2. 社区相关的多元化理论研究

西方学者对社区治理理论进行了系统的研究，其中具有代表性的是人文区位学理论、多核心理论、同心圆理论、扇形理论等。芝加哥学派将社区看作一个地域单位和空间现象，运用了大量生物学中解释动植物关系的区位学概念，诸如“共生、进化、竞争”等，对城市结构和社区发展动力等问题进行了阐释。林德夫妇（1959）在《中镇：当代美国文化研究》一书中通过对中镇这个工业小镇中社区的生活场景、人员结构、工作内容进行详细描绘，对持续的社区研究结果进行展示，提出了社区权力不平衡的概念和社区精英控制模式，认为社区中的权力往往掌握在极少数人手中，每个社区成员对社区的影响力是不对等的。Floyd Hunter（1969）则进一步在著作《社区权力结构：决策者研究》中通过对美国亚特兰大市的决策层级与权力运行过程进行研究，发现城市权力往往由城市中的主要领袖和精英群体行使，尤其是受到工商界利益的直接影响。这些精英基本都彼此熟识、交往密切，通过磋商公共事务变成权势群体，并以不同的方式行使手中的权力，影响社区中的其他人。与精英理论完全不同的是多元论，代表人物有 Robert Alan Dahl（1969）。他在《谁统治：一个美国城市的民主与权力》一书中以康涅狄格州纽黑文市的权力动态进行研究，提出具备“分散的不对等性”特征的多元政体，指出有些权力分配并不均衡，是分散在相互竞争的不同群体手中的，存在一种多中心分散的权力体系。Dahl 的理论和 Polsby 的《社区权力和政治理论》（*Community Power and Political Theory*）以及 Wolfinger 的《声望与社区权力研究中的现实》（*Reputation and Reality in the Study of Community Power*）中的观点共同建构出了多元论的核心。20 世纪七八十年代，Janet L Abu-Lughod 和 Green Wood 又分别提出了社区结构模型和社区增长模型，非盈利的社区服务组织也逐渐成为美国社区建设过程中一种重要的参与力量，“社区运动”的开展更是将社区服务与和谐的邻里关系摆到了重要的位置，日本学界对此议题颇有研究，他们认为社区居民和服务组织都是社区建设重要的共同参与者，社区居民之间的交往是合理且重要的，可以给城市社区营造良好的软环境，塑造新的公共性特点。

3. 与社区治理相关的理论研究

“治理”一词最早出现于1989年，世界银行描述当时非洲的情形时首次使用了“治理危机”一词。此后，“治理”逐渐成为一个有着丰富内涵和广泛适用价值的概念，持续出现在政治学、管理学、经济学等领域。“治理”的含义丰富，不同的学科、不同的学者对它也有完全不一样的理解，其中全球治理委员会（commission on global governance，CGG）给出的定义最为权威。该委员会在研究报告《我们的全球伙伴关系》（*Our Global Neighborhood*）中这样阐释“治理”这一概念：“治理是各种公共的或私人的机构管理其共同事务的诸多方式的总和。它是使相互冲突的或不同的利益得以调和并且采取联合行动的持续的过程”。治理是一种全新的管理方式，符合以下四个特征：“治理不是一整套规则，也不是一种活动，而是一个过程；治理过程的基础不是控制，而是协调；治理既涉及公共部门，也包括私人部门；治理不是一种正式的制度，而是持续的互动。”① “西方的政治学家和管理学家接连强调治理这一概念，主张用治理替代统治，是因为他们在社会资源的配置过程中同时看到市场和国家的双重失效”（俞可平，2000）。而治理理论在城市社区管理中的运用即产生了社区治理理论。不同于传统的社区管理，社区治理是政府作为国家公权机构基于善治的目的对社区公共事务进行管理（James N. Rosenau，1992），需要持续掌握政府政策的变化给社区建设带来的影响（Edwarssm，2001），以此来发现治理结构和过程之间的联系（O’Toolek，2002）。透过研究社区治理可以发现国家与社会的关系，揭示社会环境结构对群众生活变迁的影响（Blau P.，1997）。此外，社区治理需要增强社区内部凝聚力，提高居民对社区公共事务的参与性，打造更强的共同体（Firestone W，1987），它强调多元治理主体相互协调与配合，成为公共事务的多重支柱（Elinor Ostrom，2000）。Green（2004）则认为可以通过邻里间的和谐互动拓展社会关系网络，进而有利于形成社区意识。

4. 与社区治理相关的实践研究

国外在社区治理理论的基础上产生了大量探索和实践，每个国家的社

---

① Commission on Global Governance. Our global neighborhood [R]. Oxford: Oxford University Press, 1995: 23.

区治理发展实践与该国政府的政治理念、历史发展阶段、当地的社会经济发展水平等因素息息相关，且处于持续的动态变化过程中。可以根据社区治理主体间的权利义务分配关系，将社区治理划分为几种典型的治理模式：一是以美国为代表的由第三方力量主导的社区治理模式，二是以英国为代表的多元化发展治理模式，三是以日本为代表的居民自治型治理模式，四是以新加坡为代表的政府主导型治理模式。美国有关社区治理的理念最具代表性的是“社区发展”理念，常用于指导城市规划（Bhattacharyya J，2004），强调通过维护和打造美好城市社区来与安全感、人文关怀和社会交往匮乏的城市病抗衡（Rohe W M，2009），进而帮助社区居民加强交往，促进形成更好更健康的个体和社会（Ahlbrandt R.，1979）。美国的社区治理非常注重第三方力量的引进和利用，治理活动集制度性、参与性和实践性为一体。尤其是 2000 年之后兴起的新社区项目（new community program），体现了美国社区治理高度的自治性，逐渐形成了政府主要负责指导和监督，第三方组织负责主导实施，社区居民积极发挥主体作用的社区治理模式（Mossberger K，2010）。Bovaird T（2007）研究指出，英国作为最早开推行工业化和城市化的国家，城市社区治理的发展实践历史悠久，先后经历了社区运动、“社区发展项目”（community development projects）、“挑战城市计划”等阶段，提出了“合作伙伴组织”（partnerships）的理念，即中央与地方政府、政府与非营利组织、政府与社区、社区与非政府组织以及社区与非营利组织，通过保持伙伴型关系来解决城市社区公共事务①。英国社区治理的政策驱动性较强，参与主体较多且较好地实现了多方互助合作，形成了具备“社区主体化、社区治理多目标化、参与主体多元化、居民参与民主化”特点的独特治理模式。日本在全球推行“市民社会”的影响下，从 19 世纪 60 年代开始进行社区治理，最重要的社区治理概念是社区营造，即基于社区现有资源进行多方合作，改善人居环境和生活品质的行为和活动，并出现了“革新自治体”

① Bovaird T. Beyond engagement and participation：user and community coproduction of public services [J]. Public Administration Review，2007，67（5）：846-860.

“市民参与性”社区营造体系、“NGO 主内，NPO 主外”① 的参与合作模式等实践活动。在此过程中，政府颁布《特定非营利活动促进法》赋予社会组织参与社区治理活动的合法身份，形成了主要由 NPO 机构构成的“中间支援组织”，确保社区营造所需的人、财、物以及技术支持。在这种治理模式下，社区治理得到了居民极为广泛的参与，同时也有政府、社区营造协议会、非营利组织等各方的协调参与。而作为新型工业化国家代表的新加坡，则是政府主导型社区治理模式的典型代表，主要特征是政府的高度介入。新加坡的社区设立三个专门的社区组织管理部门，即总领社区公共事务的居民顾问委员会、负责社区运作和充当政府与民众间沟通桥梁的社会中心管理委员会，以及设立于组屋区的负责基础服务工作并提供信息反馈和人力支持的居民委员会。在这种治理模式下，政府与社区行为高度连接、有机结合，可以借助行政力量对社区治理产生自上而下强有力的控制和干预，形成结构严密的完善治理体系。

5. 开展社区自治的问题研究

国外一直倡导自由主义，注重个体的权利和发展，社区居民自治现象十分常见，居民积极参与社区管理俨然已经成为一种传统。同时，不同学科的学者也就居民社区自治行为、目标、途径等方面的论题进行了大量的理论研究。如 Amstein（1969）提出“本土居民参与阶梯”模型，将本土居民的参与类型分为 8 个层次，自下而上依次为操纵、补救、通知、咨询、列席、伙伴关系、委任权和公民控制。在前两个阶段公众并没有实际参与，第 3~5 阶段居民可以表达意见但仍由掌权者决策，直到最后 3 个阶段，公众才得以从制度层面获取决策权。Lowery（1992）认为居民社区自治行为分成积极的参与者、搭便车者和看门人三个层次。积极参与者就是积极参与各种社区组织和各样社区事务的居民，搭便车者则是极少关心社区事务、通常让别人代为行使公民权利的那部分居民，而介于其中只关心少量直接关系他们切身利益的关键问题的居民则被称为看门人。Elinor O（2010）则是通过对“公共池塘”问题进行实证研究，并基于“囚徒困境博弈”“公地悲剧”“集体行动的逻辑”三个公共治理模型，提出了全新

① NGO 是非政府组织（non-governmental Organization）的英文缩写，NPO 是非营利组织（non-profit organization）的英文缩写。

的公民自主治理理论，将预期收益、预期成本、内在规范和贴现率看作影响公民个人决策的内部变量。Rhodes（1996）将自组织网络作为治理的六种含义之一，认为治理是自治组织的自我管理，良好的治理离不开自组织网络的有效应用。Francis Fukuyama（2005）于2005年参加“城市管理与社区发展”国际学术研讨会时强调，相比于政府和非政府组织的介入，社区发展更离不开公众的参与，公众参与和社区自治属于社区发展内驱力，社区居民自治是公众参与的高阶形式。Richard C（2005）提出了促进公民参与社区自治的措施，包括转变政府的治理理念和责任意识，重新界定管理者、公务员等治理主体的职责，推动公民自治实施，及时调整治理结构等。此外，Richard B（1996）注意到大中城市的社区自治因为居民之间缺乏认同感变得十分困难，需要通过控制社区规模、增进居民间联系和沟通来推动社区自治，增强居民的归属感和凝聚力。C-P Tang（2001）则指出社区居民参与提供公共物品、公开的交流等都有助于增强居民间的信任感和参与自治的意愿；而由于现代社区汇聚了越来越多的利益，促使更多的不同类型的利益相关者在社区范围达成联盟，也有助于居民自治。

（三）研究述评

对国内外相关既有研究成果的系统梳理，为我国城市社区“微治理”体系研究创新提供了非常有益的借鉴与启示。文献梳理结果也表明，城市社区“微治理”体系的研究鲜有直接的研究成果，目前国内外也还没有与本研究相同的专题研究，这正是本书的研究价值所在。

1. 国外社区治理的相关研究缺乏具有中国场域的“微治理”思考

“微治理”是我国在社区治理实践的持续创新过程中总结提炼出来的全新概念，它一方面强调治理过程中坚持党的领导，另一方面注重推动居民自治，是社会治理理论在中国的实践和发展，在一定程度上带有中国特色。由于“微治理”概念东西方之间的不对等，以及国内外政治体制的差异，国外并没有针对社区“微治理”的专门研究。国外虽有宏观上对社区治理全面系统的研究成果，但这样的研究完全基于与中国国情迥异的西方场域。由于中西方在社会、文化、制度等方面的巨大差异，国外的相关研究成果对我国社会治理研究只能起到借鉴作用，对我国的“微治理”研究影响甚微。在微观层面，国外关于社区治理实践、社区自治等方面的研究成果也主要集中在与中国国情、社情均不一样的发达国家或少数发展中国家，虽然给我国在社区治理困境、创新实践、社区自治等方面的研究提供了一定的启迪与思考，但是这些研究缺乏明显的“中国场域”思考，适用度不够。对于国外研究现状，本书梳理了国外关于社区的概念内涵及特征、与社区相关的理论、社区治理理论与实践以及社区自治等方面相似的研究成果，但鲜少有与“微治理”直接相关的研究成果。

2. 国内研究较少对“微治理”进行系统阐释，鲜有提及“微治理”体系创新

国内学者对于城市社区“微治理”的研究主要包括社区“微治理”的概念内涵、治理主体、治理模式、运行机制、基本特征、价值意义、实践困境、优化路径、典型案例等方面，鲜少提及“微治理”体系创新。多数研究依然依托传统社区治理的分析框架和研究范式，采用“问题—对策”的研究构架，通过描述社区“微治理”实践过程中存在的问题，分析造成这些问题的原因，最后提出针对性的解决对策，很少跳出传统研究范式的窠臼，或是局限于对“微治理”实践内容的描述和工作经验的总结，未能探究“微治理”取得良好成效的深层次原因和内在机理，鲜少分析“微治理”这一独特治理模式的特殊性和普适性。国内研究虽然也有从场域理论、权力空间等视角研究“微治理”的成果，但没有很好地解决西方理论本土化的问题，理论分析工具无法与中国治理实践相适配。国内关于“微治理”的研究成果，并没有形成独特、规范的“微治理”研究范式，也没有形成具有普适性的“微治理”研究框架，理论研究的系统性、规范性不足。

3. 注重对城市社区“微治理”本身的研究，研究内容的延展性和深入化不够

既有研究成果对城市社区“微治理”本身的概念内涵和涉及的治理主体进行了广泛和深入的探讨，忽视了更高层级制度建构对“微治理”的影响，也较少对多元治理主体之间的相互关系和作用机制进行分析。虽然“微治理”是在社区及以下的微小治理单元发挥作用，但必然也需要更高层级的制度建构作为支持。很多社区居民面临的问题和提出的需求仅仅依靠“微治理”是很难解决的，需要发挥政府部门的职能，加强社区“微治理”与政府部门的对接。此外，现有研究偏重于对城市社区“微治理”的

多样性治理主体进行单一或多元研究，但缺乏对治理主体之间关系以及具体作用机制的探讨。城市社区“微治理”的治理主体众多，但因为权力关系和职能作用的不同，各主体发挥功能的空间不一样，主体间的地位显然也是不平等的，主体间关系也存在合作、冲突、支配与被支配等多种类型，不能只平等看待，一概而论。我们必须意识到城市社区“微治理”研究不能局限于现有的研究内容和视角，应该更具延展性和深入化。

三、研究方法

本书始终坚持“问题意识”导向，紧紧围绕“城市社区‘微治理’体系研究”这一中心命题，从问题出发，搜集研究资料、选择研究方法、确定研究思路、夯实研究过程、汇总研究成果，最后又回归到问题的解决上来。在研究过程中，笔者以公共管理学、政治学、社会学等学科知识作为理论基础，结合文献调查法、规范研究法和案例研究法等多学科研究方法，对城市社区“微治理”体系创新展开深入探讨。

（一）文献调查法

文献调查法（又称间接研究或图书馆分析方法），是通过查阅政策文件、法律法规条文、书籍刊物、学术论文、研究报告等现有资料，了解和掌握前人相关的研究成果，对研究问题形成一定程度上的认识和理解。本书通过查阅和整理大量国内外有关“微治理”的学术研究成果，积累研究文献，丰富理论知识，开阔学术视野；同时注重从政府部门、社区等单位收集相关材料，并充分利用互联网搜索、整理、分析相关信息，拓展研究思路，积累素材资料，夯实研究基础。对于查阅的国外文献，本书主要从社区的概念内涵及特征、与社区相关的理论、社区治理理论与实践以及社区自治等方面，对与社区“微治理”类似的研究进行梳理。对于与主题直接相关的国内研究，本书则是从社区“微治理”的概念内涵、治理主体、治理模式、运行机制、基本特征、价值意义、实践困境、优化路径、典型案例等方面对研究成果进行梳理。通过对已有文献的梳理，对既有的研究结果有了全面的认识，也对本书的研究问题有了更加深入的理解，利于找对切入点，找准突破口，更好地布局谋篇。

（二）规范研究法

城市社区“微治理”体系创新，关键在于城市社区“微治理”体系的建构。因此，首先需要对城市社区“微治理”进行规范化研究，遵循“是什么”“为什么”“怎么做”的基本逻辑，即明确“什么是城市社区‘微治理’”“为什么要推行城市社区‘微治理’”以及“需要构建怎样的城市社区‘微治理’体系”等问题，然后在符合社会发展趋势要求的社会治理理论价值指引下，建构城市社区“微治理”创新体系。本书最重要的目标便是建构一个较为科学、相对合理、创新性强、行之有效的城市社区“微治理”体系。为此，必须在详实的文献研究基础上，运用规范研究方法，对城市社区“微治理”的相关概念、基础理论，城市社区“微治理”体系建构的价值意义、问题与经验进行规范性探索，尤其是对城市“微治理”体系的内在逻辑、构成要素、运行规律等内容进行深入探讨，通过规范分析的方法将研究内容铺陈开来。

（三）系统研究法

系统研究法，主要指在研究过程中将研究对象看作一个由多种要素共同构成的系统整体，这个整体是可以细分为子系统或次子系统的总系统，这个总系统中的不同要素之间存在纷繁复杂且持续变化的动态联系。城市社区“微治理”体系研究是本书的核心问题，涉及城市社区“微治理”体系的场域要素与内容要素两类构成要素，其中场域要素又可分为国家治理场域、社会治理场域，内容要素又包含价值要素、目标要素、主体要素、客体要素和工具要素，这些要素共同构成了城市社区“微治理”体系这一整体。其中，场域要素与内容要素对应城市社区“微治理”体系的外部环境与内部构造，两者统一于城市社区“微治理”体系的良性运转，具有整体性、层次性、动态性特征。这些构成要素之间具备不同的组合关系，彼此产生互动且持续变化。城市社区“微治理”体系的这些特征体现了系统理论的基本规律，也表明可以采用系统理论的分析方法对其进行研究。因此，本书将城市社区“微治理”体系视为一个系统整体，就其建构逻辑、内容要素、体系运行等问题进行统筹思考。

四、研究思路与内容

本书在诠释城市社区“微治理”体系创新的相关概念、特征属性和意蕴指向，梳理相关理论的基础上，对我国城市社区“微治理”体系进行总体设计；然后从实践出发，分析我国城市社区“微治理”的演进历程、产生基础和实施成效，进而从建构逻辑、构成要求和运行机理等方面阐释我国城市社区“微治理”体系；最后分析我国城市社区“微治理”体系存在的问题与困境，并有针对性地提出完善路径。

在文献梳理的基础上，对城市社区“微治理”体系的基本概念“城市社区”“微治理”及“城市社区‘微治理’体系”进行了界定和阐释，分析了城市社区“微治理”体系的特征属性，即主体多元性、客体多样性、目标层次性和治理高效性，并指出了构建城市社区“微治理”体系是为了实现社区共建共治共享和高质量发展、满足人民美好生活需求的意蕴指向。随后又引入“习近平新时代中国特色社会主义思想”“集体行动理论”“系统理论”和“社会质量理论”，尝试对我国城市社区“微治理”体系进行总体设计。

通过对中华人民共和国成立以来国家层面有关城市社区建设与治理的政策文件进行梳理，对全国各地有关社区治理的探索和实践进行整理，系统梳理了城市社区治理的历史脉络，分析出城市社区从社区管理、社区建设到社区治理、再到社区“微治理”的演进历程，城市基层社会治理单元经历了单位制、街居制、社区制到网格化、微网格化的交替转变。同时进一步分析了城市社区“微治理”的生成基础，即社区群体结构的复杂化、空间结构的差异化、公共事务的细分化、社区居民需求的多样化和治理工具的智能化，总结和整理出城市社区“微治理”在创新实践中取得的显著成效，即提高了社区治理现代化水平、加深了社区治理精细化程度、助力了社会治理重心下移、提升了政府履职能力。

着重从城市社区“微治理”体系的建构逻辑、构成要素以及体系运行三个方面对城市社区“微治理”体系的建构进行详细阐释。其中，制度赋权和内生认同是城市社区“微治理”体系建构的价值逻辑，集体行动和资源整合是其理论逻辑，传统城市社区“碎片化”行动困境和地方支持是其实践逻辑。而国家治理和社会治理构成了城市社区“微治理”体系的场域要素，其内容要素则包含价值、目标、主体、客体、工具五类，各要素之间存在依托和共生关系。为了实现城市社区“微治理”体系的运行，需要建立目标、驱动、合作和优化“四合一”的运行机制，在制度、技术、责任和质量四个方面进行运行保障。

通过对城市社区“微治理”体系存在的问题与困境进行发掘与分析，提出有针对性的完善路径。研究发现城市社区“微治理”存在多元主体互动不畅、制度规则尚未健全、运行效能有待提升等方面的问题与不足，面临城市社区“微治理”体系需求满足不均衡、建构碎片化桎梏、功能发挥局限性以及二次行政化窠臼等困境。针对这些问题与困境，本书主要从党建引领城市社区“微治理”体系建设、实现城市社区“微治理”体系需求满足、完善城市社区“微治理”体系构成要素、健全城市社区“微治理”体系制度体制、优化城市社区“微治理”体系运行机制五个方面提出了城市社区“微治理”体系的完善路径。

具体研究思路见图 0-1。

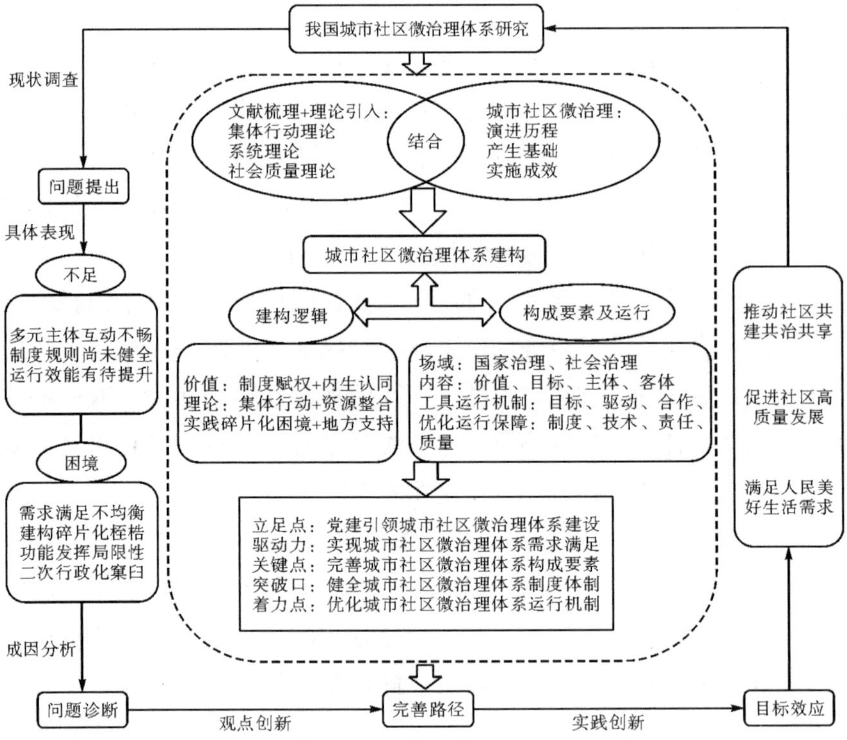

图 0-1　研究思路

第一章　城市社区“微治理”体系的基本概念、理论基础与总体设计

第一节　城市社区“微治理”体系的基本概念

一、城市社区“微治理”体系的概念阐释

（一）城市社区

“社区”一词是舶来品，源于英文 community。1887 年，德国社会学家滕尼斯在其著作《社区与社会》中，首次对社区做出学术化的解读，将其表述为“基于人们自然意志产生的包含一切亲密的、秘密的、单纯生活的共同体”[①]。20 世纪 30 年代，我国社会学家费孝通先生将“community”翻译为“社区”，意为“人们生活的时空坐落”，认为在这一地域内，具有共同观念和习俗等同质人口共同生活、相互关联形成了共同体[②]，这一定义为后续社区的研究奠定了基础。目前学术界对于社区的定义大致有三种：第一种是从社区的互动功能视角，将社区定义为进行一定的社会活动、具有某种互动关系和共同文化维系力的人类群体及其活动区域（郑杭生，2003）；第二种是从社区的社会心理调适角度，认为社区是一种“能够被

---

① 斐迪南·滕尼斯. 共同体与社会：纯粹社会学的基本概念［M］. 林荣远，译. 北京：商务印书馆，1999：51-54.

② 费孝通. 乡土中国［M］. 北京：人民出版社，2006：116.

人们能用感官感知到的具体化了的、区域性的社会”（何肇发，1991）；第三种从地域特点角度，认为社区是“建立在地域范围基础上的人们基于多种关系而持续互动形成的社会单位”（于显洋、肖大恒，2022）。《辞海》一书也对社区给出了定义，即在一定地域内由相互关联的人们所组成的社会生活共同体，是由从事政治、经济、文化等各种活动的人们所组成的区域性的社会实体。从整体上说，学术界对社区定义的丰富研究描擘了社区包含的四个要素。一是社区需具有一定数量的人口，人口数量是社区得以运转的前提和基础，也是衡量社区规模的标志。二是社区需具有相对稳定的空间，为相互关联的人提供共同生活或活动的场所，这个场所可以是实体的地域，也可以是虚拟的空间。三是社区具有归属特质，通过共同的活动维系人群互动关系，为其中的人们提供归属感需要，这被认为是社区最重要的要素。四是社区需具有相应的制度和规范，以保证社区活动和社区功能的良性运转。

城市社区是社区的一种类型。社区可以划分为多种类型，根据社区的功能定位，可以划分为工业社区、居住社区、商业社区、文化社区等。根据社区场所的性质，可以划分为实体社区与虚拟社区。关于城市社区的界定，学术界对其做过诸多的探讨，具体可以归纳为三类。第一，人口性质界定说。这一界定认为城市社区是指以城市居民为主体建成的生活共同体（杨群红，2022）。第二，人口从事的活动性质界定说。这一界定认为城市社区是由从事非农业劳动的人组成的社区。第三，政府行政管理界定说。这种类型多采用《中共中央办公厅 国务院办公厅关于转发〈民政部关于在全国推进城市社区建设的意见〉的通知》（中办发〔2000〕23 号）文件中关于城市社区的界定：“城市社区的范围，一般是指经过社区体制改革后作了规模调整的居民委员会辖区”[①]，将城市社区视为城市治理和居民自治的基本单元。为便于后续研究内容的展开，本书采用第三种界定，将城市社区界定为城市居民委员会辖区。

（二）“微治理”

阐释“微治理”的含义，需要首先厘清“治理”的含义。“治理”一

① 中共中央办公厅 国务院办公厅关于转发《民政部关于在全国推进城市社区建设的意见》的通知［J］. 广西政报，2001（1）：14-17.

词最早由詹姆斯·罗斯瑙提出，用于探讨国际体系无政府状态下的走向。1995年，全球治理委员会提出的界定最具有代表性："治理是各种公共的或私人的个人和机构管理共同事务的诸多方式的总和"①。治理作为持续的过程，在这一过程中，具有多元主体参与、多种机制和利益交织、协同合作供给多元公共产品等特征。"微治理"的"微"作为治理的修饰词，具有细小、轻微、小范围、小幅度、微观的意思，将这些修饰词与"治理"相结合，"微治理"就具备"微"的特征。当前，我国学术界对于"微治理"的研究仍处于探索阶段，对"微治理"的概念界定并未达成共识，存在以下几种观点。一是在治理事务上，有学者认为"微治理"是对小事的治理，是相对于国家治理和基层治理"硬指标"外的与群众利益相关的日常琐碎事务的治理（李永萍，2016；余练，2017）。然而小事并非不重要，这里的"微"只是相对于国家治理的庞大、宏观的系统而言的（黎昕、高鸿，2015）。二是在治理范围上，"微治理"指微观世界的治理，因为任何关于治理顶层设计的宏观理论建构和宏大目标，都需要到底层微观世界中落实（宁华宗，2014）。然而，对于何种微观，存在两种观点。一种观点认为"微治理"的范围，是指将村、社区划分为更小的单元，是为弥补村委会、社区居委会治理的不足，而将其实施的社区管理做垂直下沉，"微治理"更多指的是居民自治，如门栋自治、院落自治（李婷婷，2018）。另一种观点认为，"微治理"的范围为社区及社区以下层面的治理，是行政性权力没有直接到达的治理范畴与治理事务，是满足群众差异化需求的末端治理单元，现有文献大多支持此种观点。三是在治理目标上，"微治理"对上满足国家精细化治理与精准治理的要求，对下满足群众差异化需求的治理。由于在社会分化、群体异质化发展的条件下，治理需要尊重群体差异，回应不同群体的需求（宁华宗，2014；谢秋燕，2020）。四是在政府治理结构上，"微治理"是弥补政府权力在社区以下层面治理真空的具体方式（谢正富，2016）。五是在治理过程上，"微治理"是指以居民需求为导向，创造性开发社区精英领袖潜力，促进居民社团化，社团公益化、自治化，进而促进居民自我采取具体可行、细致有效的方式，带动社

① 俞可平. 全球治理引论［J］. 马克思主义与现实，2002（1）：20-32.

区居民参与社区公共事务的过程（尹浩，2016）。

学术界对“微治理”的界定均围绕精细化展开，从不同侧面进行了剖析，向我们展现了“微治理”的特征。首先，“微治理”强调尊重群众多元化的需求，治理需要尊重群众精细化的需求。其次，“微治理”强调治理的立体性和系统性，“微治理”并非基层和社区的平面治理，而是强调承上启下的作用，对上承接国家大政方针的落实，对下回应群众的多元需求。同时，对“微事务”的治理要通过“微组织”“微平台”“微制度规范”促成“微治理”过程的体系化和系统化。再次，“微治理”强调群众的广泛参与，从群众中来，到群众中去。以微事务为起点，以“微行动”为联结，凝聚群众力量，增强群众归属感。最后，“微治理”强调治理策略的精细化。在社会分化、网络技术迅速发展的社会背景下，治理需要秉持一种尊重多元诉求、联动群众力量、整合有效资源的治理策略，通过回应人民美好生活需要并提供服务满足其需要，为中国式现代化新格局添砖加瓦。

（三）城市社区“微治理”体系

结合上文中城市社区“微治理”的定义，本书将城市社区“微治理”界定为：城市居民委员会辖区内，在党的领导下，依据法律规范，由上级政府机构、社区居委会、社会组织、社区居民等多元主体组成的治理共同体，以辖区群众日常生活的多样化需求为核心，相互协作，采取“微行动”满足居民“微心愿”、提升居民参与热情和参与能力、培育基层社会的可持续的协商共治过程。

城市社区“微治理”是城市社区治理模式的新探索，在探索中涌现出上海模式、武汉模式、深圳模式、成都模式、厦门模式等创新性实践。然而，在城市社区“微治理”过程中，也会面临诸多困境，如“微治理”共同体合作困难、“微治理”共同体的群众参与困难、“微治理”组织难以获得认可等困境，这是由城市社区本身特性导致的。一是城市人口因素给社区“微治理”带来挑战。城市人口数量庞大、流动性高、需求异质性明显，城市社区作为基层治理下沉的单元、维系城市中漂泊个体与社会的纽带，具有吸纳整合社会力量、维护社会基本秩序的社会功能。二是社区治理能力和结构难以满足“微治理”的要求。一方面，社区常常面临有责无权的困境，工作人员数量与部门交付的任务数量不成比例，“上面千条线，下面一根针”是对社区工作困境的比喻。在这种情况下，社区难以满足群众的“微需求”。另一方面，社会组织发育不足、居民参与能力不足，不能激活社区“微治理”的活力，社区治理结构碎片化明显。学界对“微治理”的概念界定、生成逻辑、运行过程等方面做了诸多探讨，为本书提供了坚实的理论基础，然而鲜有研究从系统视角看待“微治理”的系统建构。“微治理”作为治理的一种形式，如治理般亦是一项系统工程，故本书提出城市社区“微治理”体系的概念，通过“微治理”要素及其相互关系构成的有机整体回应国家精细化治理的要求。

体系一般指由若干相互联系的事物构成的整体，有时与系统等同使用。学界一般将体系界定为构成要素以及诸要素间逻辑关系的总和（史云贵、刘晓燕，2018）。城市社区“微治理”体系是指城市社区“微治理”共同体在“微治理”过程中各种要素之间相互关联构成自我运转、自我更新的可持续治理系统。

二、城市社区“微治理”体系的特征属性

构建城市社区“微治理”体系是一项系统工程，城市社区“微治理”体系由多元治理主体、多样治理客体、多层治理目标、交互治理方式共同构成有机整体，助推城市社区治理现代化和高效能。

（一）主体多元性

政府、社区社会组织、社区、居民是城市社区治理的主体，不同主体之间的合作与互嵌是城市社区“微治理”体系的根本特征。传统城市社区治理模式下，政府是社区建设的规划者，社区居委会和社区工作者是政府规划的执行者，社区社会组织是外援，居民是社区管理的被动接收者。在城市社区“微治理”体系中，多元主体角色发生转化，主体之间的关系更加紧密，形成互动稳定的系统。

政府是城市社区“微治理”的投资者，对“微治理”模式予以政策赋权和制度支持。城市社区“微治理”以尊重和满足社区群众需求为起点，对应科层制体制下的部门管理，就是将原有的“千条线”进一步扩大。第一，政府对城市社区建设投资的重要一步就是帮助其厘清管理线条，面对

社区吹哨，加强政府部门间的协调配合，在源头上为“微治理”提供制度和职能支持。第二，政府给予城市社区“微治理”以政策保障，有步骤地缓解城市社区治理有责无权的困境。

社区居委会和社区工作者是城市社区“微治理”的协调者。为社区自组织争取资源，协调多元主体的关系，为社区居民自治提供孵化平台，激发居民自治意识和热情。首先，社区居委会和社区工作者帮助城市社区多元主体建立党领导下的基层党组织。其次，社区居委会和社区工作者为多元共同体提供合作与平等对话的平台，供上传下达、相互协商、化解不同主体之间的利益冲突。最后，社区居委会和社区工作者加强和监督城市社区公约、社会组织章程等规范的建设，充分发挥公约规范在协调社区利益、化解社会矛盾、保障居民利益的作用。

社区社会组织是城市社区“微治理”的赋能者。社区治理现代化的障碍之一是社区群众参与意愿和参与能力不足。与发达国家相比，我国社区社会组织的发育程度很不完善。实际上，当社区居委会和社区工作者在为“硬指标”工作而焦头烂额时，社区社会组织可以了解居民“微需求”，提升群众自治能力，并为社区群众自组织提供培训，让居民能够依据公约规范处理他们之间的矛盾，提高群众自治积极性。

社区居民及居民自组织是城市社区“微治理”的核心。城市社区“微治理”以居民群众“微需求”为起点，以居民“微心愿”达成和对社区的归属感增强为终点。在“微治理”过程中，居民既是“微需求”的表达者，又是“微计划”的制订者和执行者，还是“微心愿”满足的评估者。城市社区“微治理”应充分培育社区居民的自治能力，使之回归社区“微治理”的舞台圆心，这不仅是居民公共理性的激发路径，更是社区治理现代化和国家治理现代化的需要。

（二）客体丰富性

城市社区“微治理”以居民群众的“微需求”为出发点，这意味着需要及时回应居民群众多元化的需求，因而“微治理”的客体是丰富的。“微治理”客体的丰富性不仅涉及经济、文化、环境等领域，还涉及参与权、知情权等政治领域。具体说来，客体涉及如下内容。

首先，居民“微纠纷”的化解。在社会利益分化、个体需求异质的当下，居民关心的领域日益增加；并且随着我国经济的快速发展，居民对生活品质要求也逐渐提高，邻里之间的纠纷案件逐年增多。社区治理客体本身关涉纠纷的化解，但在行政化特性明显的社区，只能被动去化解或挑选纠纷去化解，无法做到全面化和高质量。“微治理”的定位将纠纷化解的频率和质量提高，使纠纷化解成为“微治理”最基础的客体。其次，居民情绪的安抚。随着网络技术的发展和抖音等短视频的兴起，居民情绪借助网络会进一步被放大和传递。社区作为国家治理延伸到群众的触角，应当对社会治理事件保持敏感性和警惕性，妥善解决事件，及时关照和安抚居民情绪，在萌芽状态抚慰其情绪，防止事件扩大和情绪蔓延。再次，居民归属感的存置。如前所述，社区的本源是为生活共同体提供心理寄托，于社区空间化解自我矛盾和他人矛盾。城市社区“微治理”作为社区现代化的新模式，更要承担此种社区功能，回归社区作为人们依恋和归属空间的需求。最后，居民公平正义民主的回应。社区“微治理”尊重居民需求的差异化，其逻辑起点在于回应我国社会主义现代化提倡的平等正义的价值，在“微治理”过程中实现多元主体的协同共治，指向最大化地维护居民利益的共同目标。

（三）目标层次性

中华人民共和国成立至今，我国城市基层社会治理始终以权力与资源配置为中心议题，力图解决行政干预与基层居民自治的张力问题。城市社区“微治理”作为社会治理的探索形式，也存在认识和把握顶层设计目标与社区自治目标之间关系的问题。城市社区微治理具有精细化、基层性、精准化等特点，更需要正确认识和把握多级目标的层次性。

一是城市社区居民层次的公共理性和参与热情的培育。行政体制改革前，社区治理受到过度行政化干预，出现“政府搭台唱戏，居民不感兴趣”“政府热热闹闹，老百姓冷冷清清”的困境。“微治理”作为社区治理新路径出现后，通过居民“微需求”的关照、“微心愿”的满足，逐渐增强居民对社区的认同感和归属感，进而激发了居民的公共责任意识和参与城市社区“微治理”的意愿。二是社区社会组织的孵化。当前，我国社会治理的基本走向是“党委领导、政府负责、社会协同、公众参与”，社会组织具有黏合政府与公众的作用，社会组织具有赋能公民参与的作用，此为社区自治的基础。但我国社会组织发育尚不完善，需要国家给予资源予以孵化和培育。三是实现社会治理能力与社会治理体系现代化。社区治理与国家治理密不可分。“社区是社会的神经末梢，社区微治理触角直达社区群众，这就意味着要更善于及时回应基层民众情绪和高效化解基层矛盾纠纷”（谢秋燕，2020），故而需要城市社区通过“微治理”体系建设，实现落实社会治理精细化的要求、创新社会治理体制的目标。

（四）治理高效性

“效”有效率、效益、效用、绩效的意思。“效”作为公共管理学的关键词，其含义在公共管理学科的不同发展阶段有着不同的侧重。19 世纪初期至 20 世纪 70 年代，公共行政学范式下的“效”多指效率，当时学界热衷于探求行政管理学的基本原理和原则，将效率作为最重要的行政标准。20 世纪 70 年代至 20 世纪末，受工商管理学影响而兴起的新公共管理范式，试图借鉴企业化的理念重塑政府，研究如何为公众更好提供服务，这也是解决政府失灵问题的方法。此时的“效”更多强调效益，虽然仍包含效率，但更多包含效果。20 世纪末以来，在全球化和信息化的推动下，公共治理范式兴起，公众要求政府更快更好地提供公共服务，以及更多参与社会治理，“效”更多强调效能，即不仅关注政府行政管理结果，更关注公共治理过程。

就我国公共管理实践而言，社区“微治理”体系具有治理的高效能特征。首先，社区“微治理”体系体现高效对接性。社区治理是国家治理的微观层面，也是国家治理的细枝末节。我国是一个人口众多、幅员辽阔的国家，在中国共产党的领导下，中央层面的顶层设计通过五级行政区划落实到基层。在这一过程中，存在政策制定与政策执行的衔接问题，社区“微治理”体系通过纵横网状结构有效衔接政策执行与落实效果。同时，由于社区群众在诉求、价值观念、利益等方面存在差异，通过体系的纵向网络可以实现自下而上的传达，真正实现治理的高效对接。其次，社区“微治理”体系体现高效转化性。“微治理”体系是延伸到社区居民群众的触角，能够快速反馈居民群众的微需求，并且对社区政策“微执行”予以高效评价，通过“价值转化—工具落地”“结果反馈—过程实施”等途径体现“微治理”体系的高效性。最后，社区“微治理”体系体现高效运行性。“微治理”体系本身搭建的“政府—群众”对话协商“微平台”，在治理过程中形成的多重“微机制”，由多元共同体连接而成的“微组织”等都为居民群众“微需求”的满足提供良性运转的结构，助推国家治理现代化目标的高效达成。

三、城市社区“微治理”体系的意蕴指向

（一）遵循社区共建共治共享的原则

党的二十大报告明确指出，“完善社会治理体系，健全共建共治共享的社会治理制度，提升社会治理效能”①。社区是国家治理与社会治理的连接点，城市社区“微治理”体系建设，有利于推动社会治理重心向基层下移，实现国家治理与居民群众自治、社会组织调节的良性互动。

从整体上看，城市社区“微治理”体系分别从治理主体、治理路径、治理目标三个维度回应了社会治理共建共治共享的要求。首先，多元治理主体回应了社区治理“共建”的要求。在党委领导、政府主导、社会动员、公众参与的治理导向下，基于利益相关主体的“协商—融合—共享”逻辑链来调适共同参与机制、优化集体行动机制、创新服务增效机制，以此充分调动各方力量参与社会治理的积极性、主动性与创造性。其次，“微治理”体系回应了社区治理“共治”的要求。“共治”意味着多元治理主体共同参与社区治理，在党委领导下集成政府、社会与民众等多元主体聚力，打造共同治理新格局，旨在促进整个社会向充满活力、井然有序的治理新模式转变。“微治理”目标回应了社区治理“共享”的要求。共享作为社会治理“人民至上”的价值追求，体现了人民群众的主体地位。社区“微治理”回应了社区发展和建设是为了人民、依靠人民、成果由人民共享的理念。社区群众共享“微治理”成果，增强了获得感、幸福感与满足感。

（二）满足社区高质量发展的要求

新时代新阶段，“高质量”是社区共建共治共享要求下的具体目标。“社区之治”是“中国之治”的重要组成部分。新形势下，如何将党和国家对社会治理的要求细化为对社区治理的要求，成为新时代社区治理面临

---

① 习近平. 高举中国特色社会主义伟大旗帜 为全面建设社会主义现代化国家而团结奋斗[N]. 人民日报，2022-10-26（001）.

的重要问题。城市社区“微治理”体系建设有利于实现这一目标，通过满足社区居民“微需求”获取群众对社区“微治理”的支持，通过多种复合机制推动社区“微治理”的运行，通过共享社区“微治理”成果激发多元治理主体的热情，共同形成治理合力，助推社区高质量发展。

当前城市社区“微治理”存在共同体治理能力不足、“政府—社会—社区—居民”治理结构不完善等困境，这些成为城市社区高质量发展的“梗阻”。当前及今后一个时期，我们应当在归纳总结城市社区“微治理”实践的基础上，结合基层社会治理的顶层设计与具体情境，探索“微治理”良性运转的机制，查找与破除运转过程中的“梗阻”，努力使城市社区“微治理”朝着治理结构更优化、治理结果精准化、治理模式创新化的方向发展，开辟新时代社区治理的新赛道。

（三）落实人民美好生活需求的载体

满足人民美好生活的需要是城市社区“微治理”体系建构的动力。人民群众安居乐业、社会有序发展是关系国家现代化发展战略顺利实现的重大政治问题，也是关系人民美好生活需要的重大社会问题。城市社区“微治理”体系以人民群众的美好生活需求为主线，回答了“谁的需求”“需求是什么”“谁来满足”“如何满足”“如何可持续满足”的问题。其中，城市社区“微治理”突出社区群众的主体地位，肯定和尊重群众需求的差异性。城市社区“微治理”体系客体的丰富性使得社区需要对群众“微治理”需求进行分类。城市社区“微治理”体系还肯定了多元主体构成的共同体在治理中的责任划分，为“微任务”的达成、“微心愿”的满足提供了组织保障，充分激发共同体在治理中的积极性与创造性。

此外，人民美好生活需求的满足不仅在城市社区“微治理”体系中予以体现，还在各地社区“微治理”经验中探寻。中国是一个人口众多、幅员辽阔的国家，社区治理的重点难点在社区，方案与创新也在社区。社区治理是社会治理的基石，是满足人民美好生活需要的“最后一公里”。诞生于20世纪60年代的“枫桥经验”，就是党领导人民探索出的一整套行之有效的治理方法。新时代，“枫桥经验”的发源地——浙江省绍兴市诸暨，结合社会主要矛盾的变化继续不断深化探索，为社区治理体系和治理能力现代化提供更多“枫桥经验”。

第二节　城市社区“微治理”体系的理论基础

一、习近平新时代中国特色社会主义思想

（一）习近平新时代中国特色社会主义思想的提出

党的十八大以来，改革开放和社会主义现代化建设取得新的历史性成就，我国社会主要矛盾已经由人民日益增长的物质文化需要同落后的社会生产之间的矛盾转化为人民日益增长的美好生活需要和不平衡不充分的发展之间的矛盾。中国特色社会主义进入新时代，这是我国发展新的历史方位，国内外形势变化、我国各项事业发展都向党和国家提出了一个重大时代课题，需要新的重大理论创新和思想指导。为此，中国共产党进行艰辛理论探索，取得了重大理论创新成果，形成了新时代中国特色社会主义思想。2017 年 10 月，中国共产党第十九次全国代表大会，把习近平新时代中国特色社会主义思想确立为党必须长期坚持的指导思想。2018 年 3 月，第十三届全国人民代表大会第一次会议通过的宪法修正案，郑重地把习近平新时代中国特色社会主义思想载入宪法。习近平新时代中国特色社会主义思想体系完整、逻辑严密、内涵丰富、博大精深①，是一个系统科学的理论体系，是国家政治生活和社会生活的根本指针。党的十九大、十九届六中全会提出的“十个明确”“十四个坚持”“十三个方面成就”概括了这一思想的主要内容。

（二）习近平新时代中国特色社会主义思想的主要内容

习近平新时代中国特色社会主义思想系统回答了新时代坚持和发展什么样的中国特色社会主义、怎样坚持和发展中国特色社会主义等重大问题。这一思想中关于社会治理的重要论述，为研究新时代中国特色的城市社区“微治理”体系提供重要指导。

---

① 习近平新时代中国特色社会主义思想是党和国家必须长期坚持的指导思想［N］. 人民日报，2019-07-22（006）.

1. 坚持以人民为中心的治理理念

社会治理要坚持以人民为中心，明确社会治理“依靠谁”“为了谁”“怎么做”的问题。一是坚持人民的主体地位。人民是历史的创造者，要坚持人民至上，把人民放在最高位置，充分激发人民群众的主人翁精神①。二是把满足人民美好生活需要作为出发点和落脚点，切实维护和增进人民切身利益，解决与群众紧密相关的现实需求问题，以需求为导向提升公共产品与社会服务的供给质量。三是践行群众路线，拓展听民意、聚民心、惠民智的渠道，调动广大人民的积极性、主动性、创造性，增强人民群众参与社会治理的热情和能力。

2. 健全共建共治共享的社会治理制度

党的十八届三中全会提出要加快形成科学有效的社会治理体制，党的二十大强调健全共建共治共享的社会治理制度，与时俱进地丰富了新时代社会治理理论的多维内涵。一是完善党委领导、政府负责、民主协商、社会协同、公众参与、法治保障、科技支撑的社会治理体系，明确多元治理主体参与社会治理的权责地位，提升社会治理的社会化、法治化、专业化、智慧化水平。二是以共建共治共享建构社会治理的基础性、多元性、普惠性价值②。在提升社会整体认同度的基础上，不断增强人民群众的获得感、幸福感、安全感。三是打造社会治理共同体。不仅要构建和睦友好、守望相助的邻里关系，联结和凝聚社会力量，增进社会共识，还要促进社会治理主体由“行政主导”到“多元合作”的转变，调动居民自主治理的积极性，实现政府治理和社会调节、居民自治良性互动。

3. 推动社会治理重心向基层下移

习近平在浙江工作时谈道：“构建和谐社会，重心在基层。基层就是社会的细胞，是构建和谐社会的基础。”③ 基层治理是国家治理的基石，也是社会治理的重心。一要健全完善城乡社区治理体系。把资源、权力、事项下沉社区，加强基层社区的综合治理、源头治理，最大限度把矛盾风险

① 周敏晖，郝宇青．实现美好生活必须构建城市社区共同体：学习习近平关于社区治理的重要论述［J］．党政研究，2022（6）：81-89，127.

② 张振，陆卫明．新时代加强和创新社会治理的理论与实践：学习习近平关于社会治理的重要论述［J］．党的文献，2019（4）：3-8.

③ 习近平．之江新语［M］．杭州：浙江人民出版社，2007：239.

化解在基层、化解在萌芽状态。二要把党的领导贯穿基层治理的全过程和各环节。发挥党的组织优势，提升基层党组织的领导能力、协调能力、服务能力，打造党员先锋队伍。三要健全党组织领导下的基层群众自治机制，保障人民群众的民主权利。

（三）习近平新时代中国特色社会主义思想为城市社区“微治理”体系的建构和完善提供指引

1. 强化城市社区“微治理”体系的理念引领

城市社区“微治理”体系建构和完善要坚持以人民为中心，以满足居民美好生活需要为目标，将人民至上落实到城市社区“微治理”体系机制构建和实际工作中，将主体、客体、过程、手段、目标等多样化要素有机统合。一要突出服务功能，将“微治理”与“微服务”相结合，从资源、渠道、项目上做到与居民个性化、多样化需求的无缝衔接。二要充分调动多元治理主体广泛参与到社区“微治理”中，激发居民参与社区公共事务的积极性、主动性，运用协商、对话等方式达成共识，切实增强居民获得感、幸福感、满意度。

2. 完善城市社区“微治理”体系的制度框架

要发挥制度建设对城市社区“微治理”体系的推动与保障作用，从体制、关系、对象上建构和完善社区“微治理”制度，打造由包括行政主体、市场主体、社会主体等在内的多个方面的组织、机构及个体组成的社区“微治理”共同体。一方面，要明确多元化社区“微治理”主体之间的关系地位，注重社区“微治理”参与过程的协同性，通过有序引导多方力量的参与互动，激发社会整体活力。另一方面，在社会公共事务的管理过程中，要优化资源配置，在不同治理主体的互补互联中发挥自身强项、挖掘优势资源，实现各方面资源效益最大化。还要协调好利益关系，更加细致地预警和化解各类社会矛盾，维护社会和谐稳定。

3. 创新城市社区“微治理”的思维方式和工具手段

在城市社区“微治理”体系构建和完善过程中，要自觉转变思维方式，创新运用治理手段和治理工具。一方面，坚持问题导向，在城市社区“微事务”中抓重点、抓关键，通过对主要矛盾和重难点问题的突破，不断发现问题、解决问题，从而推动城市社区“微治理”体系发展走向深入。另一方面，综合运用多种治理手段，积极响应时代发展变化，拓展“数字治理”工具的应用领域，为社区“微治理”的工作、决策和服务赋能，线上线下相融合形成“微治理”合力，实现社区“微治理”体系运行的科学、高效、精细。

二、集体行动理论

（一）集体行动理论的理论源流

20世纪60年代，集体行动理论引起了学者的广泛关注，这一理论的奠基者是美国经济学家曼瑟尔·奥尔森。当时，社会上有一种集体行动的假设，即有共同利益的人组成集团通常是为了更好地维护和增进共同利益，由此推论，集团中的个体会采取维护集体共同利益的行为。这是奥尔森在其著作《集体行动的逻辑》中提出集体行动理论之前，经济学、社会学等社会科学界普遍接受的一种理论。后来，奥尔森经过比对实践案例，从组织行为学的逻辑推演中发现，这一广为流传的观点是没有依据的。实际的情况是，“除非一个集团中人数很少或者存在强制或者其他特殊手段以使个人按照集团共同利益行事，有理性的、寻求自我利益的个人不会采取行动以实现他们集团的或共同的利益”①。奥尔森就此提出集体行动的困境，即大集团更难有效地采取一致性的集体行动来实现公共利益。

奥尔森的集体行动理论是在“经济人”假设基础上提出的。后来，多位学者从不同视角延续或者批判了这一理论。批判这一理论的典型人物是泰勒，他认为，在集体行动中并非所有个体都会做出完全利他或者利己的行为，而是存在“搭便车”现象。并且，只要集团中的个体在合作过程中没有占到便宜，就倾向于继续合作、服从统一的集体行动。

延续奥尔森研究结论的代表人物有马维奥和奥立弗，他们从公共物品分类角度，进一步界定了集体行动理论中的共同利益，将共同利益的表象（公共物品）进一步细分为“零和公共物品”与“非零和公共物品”。前者指的是公共物品的使用效用会随群体数量的增加而降低，后者指的是公共物品的使用效用并不会因为群体人数增加而降低。他们进一步指出，奥

---

① 奥尔森. 集体行动的逻辑［M］. 陈郁，译. 上海：上海人民出版社，1995：2.

尔森集体行动困境所涉及的公共利益更多是非零和公共物品。此外，美国政治经济学家奥斯特罗姆夫妇从制度分析的视角，提出突破集体行动困境的框架。他们在促成个体合作条件方面，延展了奥尔森提出的“除非使用其他特殊手段”，公共池塘资源与收费产品的概念，强化了个体经济利益与集体共同利益的关联；在制度供给方面，他们强调在小规模公共池塘中自下而上地进行公共资源管理的制度设计，并以此解决个体承诺和监督问题。

（二）集体行动理论的主要观点

奥尔森提出的理性选择集体行动困境及后续学者对这一困境的深入解读构成了集体行动理论的核心。其主要观点包括如下几部分：

1. 集体行动困境的根源：“搭便车”行为

公共事务属于公共物品，公共物品的属性为非竞争性和非排他性，因而公共物品具有外溢性，能够产生外溢价值；这必将产生一个结果，即理性的个体倾向于坐享其成。奥尔森论断，有理性的、寻求自我利益的个人倾向于选择以最低的成本获得最大的利益，公共物品的外部性给他们提供了一种这样的便利，因而他们不会采取行动以实现他们集团的或共同的利益，除非有外力迫使其这样做，或者有其他激励手段。这就是说，在集体中的个体都可以从集体共同利益中获得收益，既然不管是否采取个体行动都可以从集体共同利益中分一杯羹，那么愿意付出的个体就会越来越少，“搭便车”的行为也就越来越多。

2. 集体行动困境的解决：控制集团规模

基于个体的“搭便车”行为，奥尔森通过分析团体规模与个体“搭便车”的关系，提出一种解决方案，其认为小集团更具有效率和凝聚力。当集团规模较大时，个体在集团中的影响较小，获得感较低，进而参与意愿也较弱，“搭便车”行为也就越多；相反，当集团规模较小时，个体在集团中的影响凸显，个体之间彼此形成的关系构筑成监督网络，个体更倾向于实施有利于集团公共利益的行为。奥尔森将其称为“小团体与大团体”理论。

3. 集体行动困境的路径：选择性激励

基于“经济人”假设，个体是具有理性的，都在寻求自我利益最大化，他们会权衡个人在集体行动中的付出与收获。当他们认为付出多寡不会影响收获的数量时，他们会减少付出而“搭便车”，所以控制集体规模是集体行动困境的突破口之一。第二个突破口是集体给予个体激励，以使个体行为服务于集体共同利益。这种激励可以是强制的，也可以通过收益分配的公平性增强个体的付出。由于激励因素的不足，个体对集体共同利益的获得感无法提高其参与积极性，进而期待从集体中其他个体的付出中获得满足。因此，集体要制定特殊性激励措施，将个人的集体行为与利益分配挂钩，如采取负激励，如果个体不愿意参与集体行动，将会失去集团的支持，不能从集团中获得共同利益。从本质上说，这种激励带有强制色彩，杜绝了“搭便车”行为。此外，奥尔森认为，由于个体的获得感、成就感、参与感、合作感等精神层面的内容会源源不断地激发个体参与集体行动的热情，因此精神激励更具有决定作用。

（三）集体行动理论是城市社区“微治理”体系的逻辑起点

1. 城市社区“微治理”之“微”规模：回应集体行动理论的集团规模

集团规模的大小影响集团中个体的行为，小规模集团更能确保集团个体的行为朝着利他和实现集团共同利益的方向发展。集体行动理论分析了理性个体在集体中的行为逻辑，小集团内部自然形成一种个体互相制约的关系，更具有凝聚力。首先，个体基于理性思考得出结论，他采取有利于集体共同利益的行动，从集体中获得的收益将会超出他付出的成本。其次，小集团中个体之间能够形成相互制约的关系，这无形中织成了一张监督的网络，即便在没有外力强制的条件下，个体也会自觉采取有利于集团共同利益的行动。城市社区的一大特点是人口众多，需求差异大，在街道直接管理的条件下，社区群众将会通过“搭便车”行为获得公共产品。若是建立城市社区“微治理”体系，机会主义就会大大减少，因为小集团构成的小圈子往往具有道德约束，降低了个体背叛的可能性，抑制了成员的投机行为，使得城市社区更有凝聚力。

2. 城市社区“微治理”之“微”供给：回应集体行动理论的精神激励举措

即便利益群体有共同的需求和目标，个体也会基于个人理性判断是否采取行动达成集体利益。利益的黏合并不能促成集体行动；相反，当个体利益与集体利益相悖时，个体会显现自利行为，甚至危害集体利益。在小集体之下，个体之间的关系连接更为紧密，类似“熟人社会”，熟人社会将会产生一种制度规范之外的约束，对个体的行为予以规范，约束或鼓励个体参与集体行动。城市社区“微治理”模式下精神激励有两条路径。第一条路径是“微治理”以居民的“微需求”为起点。此为居民身边差异化的“微事务”，是政府层面无法触及的精细化事务。“微治理”对这类公共物品的供给直接体现了社区对居民的尊重，不仅提高了社区公共物品供给的针对性，更有利于激发居民对城市社区的认同，进而使他们自发参与到社区治理中来，成为社区治理的一份子。第二条路径是“微需求”的满足进一步强化了个体参与的获得感、认同感、满足感，使得个体能够形成自发参与社区“微治理”的良性循环。

由上述分析可以看出，城市社区“微治理”的思路解决了长期以来基层社会治理中“一元中心”所面对的众口难调的问题，不论是组织规模，还是组织运行方式，都化解了基层治理的“搭便车”问题和参与度低的问题，增强了社区治理的针对性和有效性。总之，集体行动理论为城市社区“微治理”体系的研究提供了逻辑起点。

三、系统理论

（一）系统理论的理论源流

“系统”一词古已有之，但“系统”作为科学的概念是在 1945 年由奥地利科学家贝塔朗菲提出，只有不到 80 年的发展历史。其理论发展主要有两个阶段。

第一个阶段被称为“一般系统论”阶段。之所以称为“一般”，是贝塔朗菲在生态系统论的基础上，提出要发展一种适用范围更广的系统论。一般系统论的研究对象是系统整体问题，它是关于整体和整体性探索的科学。在针对整体与个体关系的论述中，整体大于各部分之和。换言之，不能割裂看待部分要素，而是要关注系统所包含的所有组成部分以及它们之间的各种关系。在研究工具上，一般系统论主要运用数学模型、微积分等工具进行研究。在研究扩展领域上，一般系统论所发展的信息论、控制论与系统工程相结合，成为工程领域、信息领域广泛应用的理论。

第二个阶段被称为“现代系统论”阶段。在研究对象上，现代系统论重点阐述系统内整体与部分的关系，认为整体与部分的关系是系统论的核心问题。系统虽然要关注整体的统一属性，但是整体并不等同于系统本身，系统论应当考察系统内部要素的连接和其运行，通过层次、结构、功能等要素的排列组合关系，考察系统的整体性。在适用性问题上，不同于一般系统论不适用于研究人类社会，现代系统论认为，人类作为生态系统中的一份子，本身就是系统的要素或是系统的整体。因而现代系统论不仅适用于研究自然界，还适用于研究包括人类思维的人类社会。社会系统不仅包含人类社会的个体，还包括阶层、阶级、民族等社会系统的研究层次。在发生机制上，一般系统论注重对系统的动态性考察，而现代系统论则更注重对系统发展变化和发展规律的探讨①。系统整体的发展变化是要素、要素间结构、功能及要素与周围环境相互作用的结果。通常来说，当系统整体逐步发展变化并升级时，系统要素数量会不断增加，要素层次、结构、功能等也会相应扩展。相反，当系统整体的变化呈下降趋势时，系统要素数量会不断减少、质量会不断降低，系统构成的层次和结构也会逐渐消解，功能逐渐弱化。当这些变化到达临界值时，系统就会崩溃，此为系统的生命周期，常应用于企业生命周期研究、自组织研究等。

（二）系统理论的主要观点

1. 系统的概念阐释

系统学应用的学科范围广泛，国内外不同学科的学者都对其做过概念阐释。本书采用系统科学界广泛接受的定义，即“系统是由相互作用和相互依赖的若干要素结合而成的具有特定功能的有机整体，而且这个整体本身又是它从属的更大的系统的组成部分”②。这一定义包含多种内涵：一是系统的组成成分是要素；二是构成要素之间并非相互独立的关系，而是相互依赖、相互作用，促成系统某种功能的发挥；三是系统的构成要素间排列关系的变化、数量的变化会导致整个系统的变化。这正如中国系统工程学派的科学家钱学森所言：“局部与全部的辩证统一，事物内部矛盾的发

---

① 常绍舜. 从经典系统论到现代系统论［J］. 系统科学学报，2011，19（3）：1-4.

② 梅多斯. 系统之美：决策者的系统思考［M］. 杭州：浙江人民出版社，2012：6-8.

展与演变等，本来是辩证唯物主义的常理；而这就是‘系统’概念的精髓。”①

2. 系统的结构、功能与运行

系统是有自组织性的，即可以自行运转。其自组织性是通过系统要素、系统结构、系统功能来实现的。系统的结构指的是构成系统各要素之间的排列组合关系，同类要素的集合被誉为子系统。系统的功能也被称为系统目标，即系统要素之间的排列组合的朝向，系统功能是系统最重要的部分，其决定着系统的走向。系统的运行是通过系统与外部环境发生物质、能量、信息的交换完成的，不光系统与外部环境，系统中各要素之间的连接也是通过物质能量的交换完成的。根据系统与外界环境关系的紧密程度可以将系统分为开放型系统、非开放型系统。在非开放型系统中，外界与系统的能量交换较少，系统较为封闭，如自给自足的小农经济、闭关自守的封建国家。在开放型系统中，外界与系统的能量交换频繁，如在全球化的当下，物资、能量的交换是在全球范围内的，系统的影响也是世界性的。

3. 系统的特征

一是系统具有整体性。虽然系统是由多种要素组成的，但是孤立的系统要素并不能发挥系统功能，而要通过彼此之间的连接协同发挥系统的功能。此外，系统与外界环境发生作用也并非要素“孤军奋战”，而是以统一整体的形式出现的。从这一方面来说，系统是整体性的，整体功能大于各部分功能之和。

二是系统具有关联性。在系统功能的指引下，各要素之间相互作用、相互依赖、相互影响。一种子系统要素的变换，会牵动其他子系统要素发生改变。此外，系统要素间的关联有时会增强，有时会变弱，以保持彼此之间的互补性，共同服务于系统整体功能的稳定性。

三是系统具有环境适应性。系统离不开外界环境，即便封闭系统，也不可避免地要与外界发生能量交换。系统会受到环境约束和限制，当外界环境改变时，系统会通过感知外部能量的输入而调整自身子系统的运行，

① 钱学森. 论系统工程［M］. 长沙：湖南科学技术出版社，1982：174.

以保持系统功能的相对稳定。如果系统无法通过自身能力适应外部环境，那么系统功能的稳定性将会受到威胁，直到完全不能应对，系统将会通过调整自身功能来保持系统的生存和发展。

（三）系统理论是城市社区“微治理”体系的运行逻辑

1. 城市社区“微治理”运行目标：系统需要应对外界环境的变化

党的十九大报告指出：“中国特色社会主义进入新时代，我国社会主要矛盾已经转化为人民日益增长的美好生活需要和不平衡不充分的发展之间的矛盾。”[①] 美好生活包括人民对“政治—经济—文化—社会—生态”整个链条的需求，社区是最贴近需求满足的生活空间，因而是人民美好生活的空间承载，是人民“微参与”实现、“微需求”满足、“微心愿”达成的载体。城市社区作为社会治理的系统，我国社会主要矛盾的变化，党和国家对于社区治理精细化、精准化的要求，均通过各种形式传输至城市社区系统内部，引起系统内部各要素的调整。当各要素之间原有运行关系不能满足系统外界环境的要求时，就需要启动系统环境适应性机制，调整要素之间的关联、层次结构，以保持城市社区系统的稳定性。

人民美好生活需要的满足是城市社区“微治理”体系的出发点，也是其落脚点。这对城市社区“微治理”的要求是，将居民个体需要作为社会公共服务供应和公共产品供给的关注点，而不是以机械地执行行政指令的效率作为首要标准，这是城市社区系统面对外部环境要求的第一大变化。第二大变化在于人民美好生活需要的满足要求建立多元治理主体的格局。鉴于尊重个体需求差异，原有系统的公共产品和服务的供给方式和供给能力不能满足差异化需要，应立足人民群众，依靠人民群众。一方面既能够达成群众治理“微心愿”，另一方面又能够提高群众参与社区治理的积极性，这些为城市社区“微治理”体系的建构提供了根本动力。简言之，在社会主要矛盾已经发生变化的情况下，原有城市社区治理系统不足以应对矛盾的变化，需要通过调整系统内部要素的排列组合关系、融入新的要素、裂变或淘汰原有要素，以适应外界环境的要求。

① 习近平. 决胜全面建成小康社会 夺取新时代中国特色社会主义伟大胜利［N］. 人民日报，2017-10-28（001）.

2. 城市社区“微治理”体系建构：系统要素需要彼此紧密连接

社会治理的精细化要求城市社区系统改变原有的要素关联形式和状态，借力信息化渠道，实现资源、政策、平台、工具的统一对接，这不仅要求城市社区每个子系统之间加强关联，还要求子系统之间形成紧密对接。在资源整合上，政府提供制度和政策支持，孵化社会组织，此为城市社区“微治理”体系的重要保障；市场和社会力量是城市社区“微治理”体系的基本力量，通过信息交流和信息共享反馈城市社区治理中的问题，促进治理体系的优化。在权力结构上，以往城市社区自上而下的行政指令和被动式的治理方式不利于汇聚居民群众的主体力量，城市社区“微治理”体系搭建了自上而下、自下而上的治理网络，能够凸显群众的主体地位。在治理工具上，信息技术为各子系统彼此对话与合作搭建了平台，上至国家层面的网络理政平台，下至社区层面各种微信工作群，既使得居民的“微需求”得以回应，又让居民的各种社会情绪得到疏解，进而完成城市社区“微治理”系统的满足人民美好生活需要的功能。

四、社会质量理论

（一）社会质量理论的理论源流

“质量”是近十年来国内外讨论较多的话题，也形成了诸多研究结果。从语义学角度看，质量的英文翻译为“quality”，解释为“grade，degree of excellence”，意为“优秀的程度”。“质量”在《汉语大词典》中也有相应解释，为“事物、产品或工作的优劣程度”。管理学领域对质量的定义还未达成统一共识，工商管理领域将质量视为用户满意度的标准，比较典型的是国际标准化组织（ISO）出于监管落地考虑将质量界定为产品、过程或体系的一组固有特性满足要求的程度。政治学、公共管理学领域学者提及的质量一般指治理质量，并将其与政府质量、行政质量混用。但总体而言，公共管理学领域的质量指的是，治理行为、过程、结果满足需求的程度，以及治理效果（过程公正、结果有效）的评价行为。

“社会质量”一词最先由欧盟提出，其出现有着深刻的社会背景。在欧洲一体化进程中，欧盟国家面临经济整合的问题，产生了较严重的社会福利危机。当时，经济发展与社会发展的非均衡趋势，引发了较大的社会矛盾和社会治理的结构性困境。在此背景下，欧盟国家想要寻求社会治理的转型，扭转社会政策从属于经济政策的局面。为提升处理日常社会事务治理的社会能力，有学者于1997年提出提升“社会质量”的诉求，“我们不希望在欧洲一体化进程中看到数量不断增加的乞丐、流浪汉和无家可归者。我们不仅希望欧洲经济有整体性发展，更希望通过提升社会公正和社会参与，使欧洲社会成为具有高度社会质量的社会”①。后来，欧盟将“社会质量”定义为：公民在提高其福利和个人潜力的条件下，能够参与社会和经济生活的程度。从社会质量发生的背景可以看出，社会质量理论建构的目的是避免将欧盟的发展进程仅仅看作经济整合，而以公民生活水平为出发点，辩证提出经济水平与社会发展的关系，力图建构可持续的社会发展模式。

社会质量理论在中国也有着广泛的基础。社会质量理论破解了中国社会治理中国家与社会内生关系的困境。在社会质量理论提出之前，我国社会治理面临双重困境：一方面是传统政府主导型模式未完全革新，中央到基层的社会治理体系尚未建成的困境，另一方面是从传统模式过渡到新模式的内生性力量要求参与社会治理但参与程度不足的困境。新时代城市社区居民利益诉求和参与社区治理的意愿增强，但我国社会治理采用的依旧是以政府为主导的治理模式，政府制度与行动的滞后挤占了社区自治的生存空间，在一定程度上削弱了国家与社会合作的凝聚力。实际上，社会质量与政府质量具有辩证关系，建构出一个“好社会”必然需要经历政府质量与社会质量的提升过程，社会质量的提升建立在政府质量提升的基础上，而社会质量提升的过程和效果会反作用于政府质量。

（二）社会质量理论的主要观点

1. 社会质量理论强调社会全面可持续发展

社会质量理论明晰了社会发展与经济发展的逻辑关系，摒弃了过去唯经济增量的片面式发展观，强调回归人的本体性、回归社会的主体性，寻求一种社会发展的评判标准，以期建构出一个可持续发展的福利型社会。此外，社会质量理论还通过建构社会质量模型，实现可持续发展目标与过

① 沃尔夫冈·贝克，劳伦·范德蒙森，弗勒·托梅斯，等. 社会质量：欧洲愿景［M］. 王晓楠，译. 北京：社会科学文献出版社，2015：21.

程评判的良性互动。质量模型不光体现社会成员的主观感受，更体现其对整个社会治理结构的考察。目前国内外学术研究中建构的比较典型的社会质量模型有两种：包含社会经济、社会包容性、社会参与性、社会融合性的社会质量模型，以及由条件性条件因素、建构性条件因素和规范性条件因素构成的三维质量框架模型。

2. 社会质量理论力图消解社会发展与个体发展的内生矛盾

社会质量理论的内在逻辑是协同社会与国家、社会与个人之间的关系，通过社会质量的提升，达到国家、社会、个人三者目标的协同，以期消解制度世界（系统、制度与组织）与生活世界（社区、群体和家庭）的内在张力与冲突，建构善治图景。首先，社会质量理论强调治理主体的权力应当回归至社会本体。国家与社会本是国家治理的二元场域，体现自上而下与自下而上的治理模式。社会是由个人组成的集合，因而社会治理应该放活与放权，回归公民在治理中的角色和地位，激发社会治理的活力。其次，社会质量理论强调社会治理的公平正义价值，凸显民主、平等、团结以及和谐的价值导向，通过价值的传递疏解社会发展与个人发展的矛盾。由于社会质量理论积极倡导谋求全体成员的最大利益，非个体亦非团体利益，因而社会质量理论传递的价值不仅是社会发展的评判标准，也为社会成员参与社会治理提供价值契机。最后，社会质量理论强调社会性，通过社会自治、社会自主等治理模式，促成社会成员之间的合作共治，有效促进社会融合，提升社会包容度。

（三）社会质量理论是城市社区“微治理”体系的目标诉求

1. 城市社区“微治理”体系多元主体：社会质量理论“以人为本”的目标

随着改革的不断深化，中国社会转型速度的不断加快，我国社会治理呈现不确定性和高度复杂性。原有社会治理模式不能适应社会转型的需要，并在转型过程中逐渐分化与解构，新的社会治理模式尚未完全形成，社会治理风险日渐突出。城市社区作为社会治理的重要子集，是社会治理转型的关键场域。城市社区将“微治理”主体定位为以居民为核心的多元治理主体，是对社会质量理论“以人为本”基本立场的回应。首先，两者的治理价值取向是相通的。社会质量理论强调回归社会的本位，而社会是由人组成的集合，因而回归社会本位就是回归人的本位。城市社区“微治理”体系的多元治理主体是在社会治理资源供求不平衡、市民社会和公共理性正在快速兴起的现实状况下提出的，而多元主体、多元诉求都是以人为本的体现，因而，社会质量理论为诠释城市社区“微治理”体系提供了价值视角，两者都秉持“以人为本”的行动价值内核。其次，两者都是在寻求化解社会治理困境的背景下提出的。社会矛盾的暴发客观上反映了社会质量的低水平和低层次，社会治理质量理论的提出，是为了转变传统治理模式，该模式强调政府与经济效率的行动原则。这种导向尽管在特定时期可以取得效果，但由于其割裂了社会本体的行动结构，引发了治理负效应，因而不能真实了解民意，暴发的社会性群体事件也往往显得很突然，使政府处于被动应付的局面。由于政府治理职能与社会治理职能的错位重叠、社会治理的参与渠道狭窄，政府对于社情民意的知晓仅在固定结构、固定模式下获取。城市社区“微治理”体系的提出，是落实国家对社会治理精细化要求的回应，也是解决社会转型背景下城市流动人口增多、人口需求多样、信息传递渠道增多、居民群众诉求无法通过传统渠道高效解决的难题的探索，是城市社区在理论建构与行动实施之间寻求张力平衡点的尝试，其实质都是在人本思想前提下的一种良性行动。

2. 城市社区“微治理”体系质量输出：社会治理可持续的质量目标

社会质量理论为社会治理建构了全方位的框架。在治理客体上，社会质量的评判范围不仅包括社会经济发展、社会福利提高，还包含社会成员对社会治理的参与权，是对以人为本价值理念下的社会治理的全方位描述，为城市社区“微治理”体系的建构提供了客体框架。在治理结构上，社会质量理论以社会可持续发展为目标追寻，不仅从横向维度考虑社会发展的差异，还从纵向维度布局治理要素，使得纵横之间聚焦社会治理可持续的目标。这种全面性、整体性的治理视角为城市社区“微治理”体系的建构提供了结构框架，即体系不仅要考虑治理的主体、客体、工具、目标、平台要素的整体性，而且要考虑体系对外界环境要求的输入与质量输出。从这种角度看，社会质量理论与系统理论契合，共同建构城市社区“微治理”体系。

第三节　城市社区“微治理”体系的总体设计

一、城市社区“微治理”体系的研究框架

本书从城市社区治理研究的文献综述出发，在厘清社区、城市社区、城市社区“微治理”等相关概念的基础上，以习近平新时代中国特色社会主义思想、集体行动理论、系统理论、社会质量理论为理论基础，立足我国城市社区治理的现代化实践，按照“总—分—总”的研究思路和布局，延循“概念界定—问题厘清—体系建构—路径创新”的逻辑思路，研究城市社区“微治理”体系。本书的研究框架遵循“城市社区‘微治理’的概念界定与理论基础—城市社区‘微治理’的演进历程和实践成效—城市社区‘微治理’体系的建构与运行—城市社区‘微治理’体系存在的问题与不足—城市社区‘微治理’体系的完善路径”的逻辑主线。本书在对国内外研究现状与城市社区“微治理”现状进行系统梳理的基础上，聚焦社区治理现代化、社区治理的精准化与精细化、社区治理高质量的目标，以城市社区“微治理”的“碎片化”困境为逻辑起点，提出建构城市社区“微治理”体系的理念，并廓析如何建构这一体系以及如何化解在体系建构中可能出现的问题。本书共分为七个部分，均统一于“城市社区‘微治理’体系建设”这一核心论题，但每个部分的聚焦点和侧重点又有所不同，具体谋篇布局如下：

绪论部分是本书研究的总体纲要。这一部分重点回答了为什么研究城市社区“微治理”体系、现有研究进行到哪一阶段，以及现有研究还有哪些问题尚未解决。此为治理实践界与学术理论界的对话，目的在于挖掘实践界对城市社区“微治理”体系的探索，以及理论界对城市社区“微治理”体系研究的不足之处，从而析出本书的研究对象和研究目的。本部分坚持问题导向，围绕研究主题，系统回顾与梳理国内外现有研究成果，总结相关不足，并以此设定本书研究的关键问题和预期研究目标。

第一章为“城市社区‘微治理’体系的基本概念、理论基础与总体设计”。本章在厘清社区、城市社区概念的基础上，引出学术界关于城市社

区“微治理”基本概念的探讨与分类，并最终界定城市社区“微治理”体系的概念、特征属性、意蕴指向。同时，在阐释习近平新时代中国特色社会主义思想、集体行动理论、系统理论、社会质量理论的基础上，挖掘以上理论对城市社区“微治理”体系可能提供的理论指导，为后续研究提供坚实的学理支撑。此外，本章介绍了本书的逻辑框架、研究内容与研究方法。

第二章为“城市社区‘微治理’的演进历程与实践成效”。本章聚焦城市社区“微治理”，系统梳理我国城市社区“微治理”模式演进的阶段、产生的基础，以及在各地城市社区“微治理”探索过程中取得的实践成效等，旨在从实践界视角审视城市社区“微治理”模式的适用性与可持续性。

第三章为“城市社区‘微治理’体系的建构”。本章在第一章界定城市社区“微治理”、城市社区“微治理”体系的概念、特征与属性的基础上，在系统理论的指导下，建构城市社区“微治理”体系，延循“为何建构—建构什么—如何运行”的逻辑链条，深入剖析城市社区“微治理”体系建构的内在逻辑、构成要素以及要素之间的关联性、体系如何运行的问题。具体而言，城市社区“微治理”体系是由外在环境、系统要素和内在联结构成的，运行机制将构成要素串联，生成自运转的城市社区“微治理”体系。

第四章为“城市社区‘微治理’体系存在的问题与建构困境”。本章延续第三章内容，既然城市社区“微治理”体系是化解城市社区“微治理”“碎片化”困境的路径，并在系统论的指导下建构了这一理论体系，那么现实推进过程中会存在哪些问题呢？本章在调研的基础上，从多元治理主体能力和意愿、现有制度体系冲突、运行机制缺乏衔接等方面，系统分析了城市社区微治理体系的运行障碍。

第五章为“城市社区‘微治理’体系的完善路径”。新中国是中国共产党领导的社会主义国家，党的领导是国家治理和社会治理的最大特色，更是城市社区“微治理”体系建设的最大优势。党的领导能够整合“微治理”多元治理主体合力，通过沟通、协商、合作的良性互动方式，在柔性方面挖掘城市社区居民的潜在需求，激发政府、市场、社会力量的参与热情；在刚性方面促进城市社区“微治理”体系中制度和运行机制的健全完善，刚柔并济让城市社区回归社区本源——城市居民心灵寄居的港湾。

二、城市社区“微治理”体系的研究方法

系统观念、整体性治理是中国式现代化的突破口和创新点。“系统观念”是新时代我国经济社会发展必须遵循的五项原则之一。本书在系统观的要求下，在“系统集成”法的指导下，建构了城市社区“微治理”体系，体现了立足实践与挖掘理论两者的统一。本书采用了以系统集成为核心、社会调查法为基础的二元研究方法体系。

第一，系统集成法。这是一种整体思维的研究方法，强调在问题分析中以开放的眼界、整体性的思维，对研究背景、研究问题、研究路径做系统思考。就研究背景而言，我国的国家治理、政府治理、社会治理是一个有机的统一体，需要在国家利益与社会利益整体统一的背景下，做全局性的谋篇布局，作为中国式现代化的特色和优势，避免静止、片面、狭义地看待和理解发展中的各类问题与挑战。就研究问题而言，系统集成并非只考虑整体，忽略个体和局部，而是要找准整体利益与个体利益的结合点，聚焦国家战略，引导、凝聚与调动 14 亿个体的积极性和创造性，以满足国家发展大局利益为导向。就研究路径而言，需将理论和实践紧密衔接，“摸着石头过河”，从小范围自我探索开始，及时总结治理实践中的好经验、好做法，将成熟的经验和做法及时推广，这是中国特色社会主义不断发展与进步的诀窍。城市社区“微治理”体系提出与建构、路径探索都以系统集成法为研究方法的主线。其中，城市社区“微治理”体系建构是将社区治理置于国家治理整体框架内思考与布局后的方案，社区是国家治理与社会治理的连接点，但社区治理主体积极性和能力相对滞后，无法匹配经济社会高速发展，城市社区“微治理”体系是对这一问题深入研究和理性分析后的方案。此外，城市社区“微治理”体系建构借用系统集成方法，抓住牵一发而动全身的核心问题——以社区群众为核心的多元治理主体角色重塑，透彻研究分析如何重塑角色、调动积极性的关键机理，将城市社区“微治理”体系纳入国家治理和社会治理的宏观框架，实现“国家—社会—社区”三级联动的系统总目标。

第二，社会调查法。本书立足于城市社区治理的实践问题，需要与具体实践相结合，而社会调查法是获得普遍认可的研究方法。社会调查法几乎贯穿本书的研究，重点集中于城市社区“微治理”体系存在的问题与建构困境这一章。为验证城市社区“微治理”体系模型的实现程度与实现难度，本书的研究运用问卷法和结构访谈法，走访不同群体，了解在体系推广和运行中可能出现的问题。社会调查法的运用，能够帮助剖析城市社区“微治理”体系运行中可能遇到的痛点与堵点，从而为进一步优化体系、扫清体系从理论到实践落实的障碍提供依据。当然，这也是遵循系统集成法的重要表现，即打通体系的理论建构与实践运行的障碍，以提升体系运行的有效性。

第二章　城市社区“微治理”的演进历程与实践成效

我国城市社区经过了从社区管理、社区建设到社区治理，再到社区“微治理”的漫长演进过程，同时城市基层社会治理单元实现了单位制、街居制、社区制到网格化的交替转变。社区群体结构的复杂化、空间结构的差异化、公共事务的细分化决定了社区居民需求的多样化，它们与治理工具的智能化一起共同推动了城市社区“微治理”的发展。城市社区“微治理”在创新实践中取得了显著成效，主要表现为提高社区治理现代化水平、加深社区治理精细化程度、助力社会治理重心下移、提升政府履职能力。

第一节　城市社区“微治理”的演进历程

城市社区“微治理”是城市社区治理在实践过程中进一步深化和创新的结果。明晰城市社区“微治理”的演进历程和发展逻辑，离不开对城市社区治理历史脉络的梳理，国家层面有关城市社区建设与治理的文件便是透视这一演进历程的重要窗口，全国各地有关社区治理的动人故事和大胆尝试也是不能忽视的佐证。

我国具备城市社区发展的完整政策体系，这一体系由加强城市社区居委会组织和社区服务体系建设、加强城市社区建设和治理等方面的文件、规划、法规等构成[1]。中华人民共和国成立以来，党中央、国务院和国家有关部委陆续出台了很多加强城市社区建设与治理的相关文件，如1954年颁布的《中华人民共和国城市居民委员会组织条例》、2017年中共中央、国务院出台的《关于加强和完善城乡社区治理的意见》等。这些文件有的是对我国城市社区建设与治理进行顶层设计或者做出总体原则性指导的制度，有的则是从社区组织建设、社区服务体系建设等多个侧面对我国城市社区建设与治理做出有针对性的政策规范。总的来说，中共中央关于城市社区建设与治理的政策文件都是根据当时的社会经济发展水平、社区建设发展形势、社区居民真实需求制定出来的，也随着这些因素的改变不断调整和完善，是党中央、国务院在城市社区建设与治理过程中与时俱进的制度成果，对我国城市社区建设与治理实践影响深远，也反映了当时我国城市社区建设与治理的演进历程。

一、城市社区管理阶段（1949—1990年）

中华人民共和国成立以后，国内部分城市不断在社区治理方面进行探索，伴随着党中央、国务院的政策指导，城市社区治理实践模式也在持续发生转变，大体可以划分为社区管理、社区建设、社区治理这三个阶段。但就具体社区而言，这三个阶段的演进并不一定是顺序发生，时间和特征也不一定是一一对应的，有可能存在交叉或者并行演进，但这并不影响总体趋势的发展。从1949年中华人民共和国成立到1990年，我国城市社区总体上处于社区管理阶段，其中依据政府在城市社区管理中扮演的角色不同，又可以将这一阶段划分为政府主导型社区管理和合作型社区管理两种类型。

（一）政府主导型社区管理

中华人民共和国成立初期，我国经济社会尚处于全面复苏的状态，经济产业仍然以农业为主，农业人口总量在全国人口总量中占比较高，大部分中国人仍然依靠开展农业活动实现自给自足。中国社会整体上还处于“生于斯、死于斯”的乡土社会，基于血缘和地域形成的村落是基本组织

① 何绍辉. 政策演进与城市社区治理70年（1949—2019）[J]. 求索，2019（3）：79-87.

形态，农业生产和封闭生活是主要社会样态。即使城市样态尚未成熟，城市地区的社区管理实践探索却在政府政策的引导下悄然而生。1949 年 12 月 1 日，杭州市人民政府正式颁布关于取消保甲制度、建立居民委员会，在郊区建立乡人民政府、行政村的布告，即《关于取消保甲制度建立居民委员会的工作指示》（以下简称《指示》），该《指示》对居委会的性质、产生方式、职能等都做出了明确规定，这是迄今发现的新中国历史上关于取消保甲制度、直接建立城市居民委员会的第一份政令①。其实早在 1949 年 10 月 23 日，新中国第一个居民委员会——杭州市上城区紫阳街道上羊市街居民委员会就已经正式成立，辖区内 2 200 多户社区居民通过推选出来的 200 多名居民代表行使了自己的选举权，率先成立了新中国首个废除保甲制度“自己当主人、自己来办事”的居民组织，标志着中国存续几千年的封建保甲制度彻底终结，中国基层组织建设迎来了新的起点。此后在政府颁布的关于建立居民委员会的指示的引导下，截至 1950 年 3 月，杭州逐步完成了取消保甲制、建立居民委员会的工作，全市共建立了 571 个居民委员会。很快，这个浪潮席卷全国，城市社区居民委员会逐渐替代封建保甲制，构成了我国社区基层治理的基本组织架构，推进了城市基层治理制度的改革，在新中国成立初期发挥了维护社会安全稳定、组织群众发展生产等重要作用。

1954 年 12 月 31 日，第一届全国人民代表大会常务委员会召开了第四次会议，会议通过了《城市街道办事处组织条例》，宣布即时生效。条例指出设立街道办事处的目的是加强城市的居民工作，密切政府和居民的联系，设立的地点主要为十万人口以上的市辖区和不设区的市，街道办事处的工作内容主要是指导居民委员会的工作和反映居民的意见和要求等②。该会议同时审议通过并发布的还有《中华人民共和国城市居民委员会组织条例》，指出居民委员会是一个群众自治性质的居民组织，设立的目的主要是加强城市中街道居民的组织和工作，增进居民的公共福利，其工作任

① 杭州市上城区人民政府. 新中国第一居民委员会的昨天、今天[EB/OL].(2019-01-15)[2023-03-01].http://www.hzsc.gov.cn/art/2019/1/15/art_1267767_29467497.html.

② 临沂兰山区法院公共服务网. 城市街道办事处组织条例[EB/OL].(1954-12-31)[2023-03-01].http://www.lscps.gov.cn/html/20866.

务包含办理公共福利事项、领导群众性的安保工作以及调节居民纠纷等①。《城市街道办事处组织条例》和《中华人民共和国城市居民委员会组织条例》的颁布，从国家和法律层面上明确了我国城市街道办事处和居民委员会的作用、性质和任务等内容，正式将我国城市居民的管理纳入法制轨道。此后，全国各地城市开始依法对城市街道组织进行建设和改制，开始正式建立城市基层管理组织。不久，我国各大城市就陆续开展并完成了街道办事处和居民委员会的选举和组建工作，至此政府主导的社区管理模式基本形成，主要实行以“单位制”为主、“街居制”为辅的城市社区管理体制。此时，我国还在实行计划经济体制，大部分的城市居民都是单位职工，由“单位制”集权式统管，而单位制以外的散户则由街居制收编。街居管理体制的行政性很强，主要由街道办事处和居民委员会构成。

（二）合作型社区管理

我国1978年进入改革开放时期，市场机制的引入和各种体制的变革极大地冲击了“单位制”，单位体制内的成员不断被街居制吸纳，逐渐改变了政府保姆式管理的基层结构，出现各种自治性组织，社区服务内容增多，街居制由辅助式集中服务开始向社区转变。

1982年12月4日，中华人民共和国第四部《宪法》在第五届全国人民代表大会第五次会议上正式通过并颁布。该版《宪法》第一百一十一条指出，城市和农村居民委员会属于基层群众性自治组织，由居民选举产生，同基层政权的关系由法律规定，主要工作任务包含办理本区域的公共事务和公益事业，调解民间纠纷，协助维护社会治安等②。这是首次将基层群众性自治组织写入《宪法》当中，并从《宪法》层面对居民委员会的性质、地位、作用和职能等内容进行定义和确定，从根本上为城市社区管理奠定了坚实的法治基础。

1986年，民政部首次把“社区”概念引入城市基层管理服务，要求在全国城市中普遍开展社区服务工作（向德平、华汛子，2019），并于1987

---

① 揭东区党群服务平台. 中华人民共和国城市居民委员会组织条例[EB/OL].(2021-07-08)[2023-03-01].http://ggfw.jiedong.gov.cn/cwgk/openInfoContent.action? theID=95411.

② 国家法律法规数据库. 中华人民共和国宪法（1982年）[EB/OL].(1982-12-04)[2023-03-01].https://flk.npc.gov.cn/xf/html/xf1. html.

年分别在大连、武汉召开了全国城市社区服务工作座谈会，对社区服务的概念、目的等进行了阐释，明确了城市社区服务的主要内容——老人服务、残疾人服务、优抚对象服务、困难户服务、儿童服务、家庭服务以及其他便民服务等（白云，1987），揭开了我国推进城市社区服务的序幕。

1987 年，广州诞生了第一条志愿者服务热线“中学生心声热线 3330564”。1988 年 10 月，天津市和平区新兴街道朝阳里社区 13 名入党积极分子组成了服务小组，开展义务包户服务，自愿为社区老人、残疾人等送煤、送菜、送炉具，成为志愿服务组织的雏形。1988 年 3 月 18 日，新兴街道成立了中国第一个社区志愿者组织——新兴街社区服务志愿者协会。

1989 年 9 月，民政部又在杭州召开全国城市社区服务工作会议，总结和交流了武汉座谈会后全国社区服务开展的经验，明确了“坚持社会福利社会办”的工作方针，要求在全国普遍开展和全面推广社区服务工作（万正艺，2020）。在民政部门的大力推广下，截至 1992 年年底，社区服务工作普及到了全国 70%以上的街道。

1989 年 12 月 26 日，第七届全国人民代表大会常务委员会第十一次会议通过《中华人民共和国城市居民委员会组织法》，自 1990 年 1 月 1 日起施行。《中华人民共和国城市居民委员会组织法》明确了居民委员会群众自治的性质，居民委员会的任务包含宣传法律法规和国家政策、协助人民政府做好公共卫生、计划生育、优抚救济、青少年教育等工作，开展便民利民的社区服务活动，兴办服务事业①。在 1954 年颁布的《城市街道办事处组织条例》基础上，《中华人民共和国城市居民委员会组织法》进一步明确了居民委员会这一群众自治性的居民组织的定位，即“自我管理、自我教育、自我服务”，并对社区居民委员会的任务、组成结构、选举办法等内容做了进一步详细的规定，还将社区服务纳入法治体系，对城市社区管理进行了进一步的细化和深化。在一系列政策和措施的推动下，我国于 1990 年诞生了第一家依法登记成立的志愿服务组织——深圳市义务工作者联合会。

---

① 国家法律法规数据库. 中华人民共和国城市居民委员会组织法[EB/OL].(1989-12-26)[2023-03-03].https://flk.npc.gov.cn/detail2.html? MmM5MDlmZGQ2NzhiZjE3OTAxNjc4YmY1YzI5MzAwZWI%3D.

二、城市社区建设阶段（1991—2011年）

在这个阶段，我国政府提出了“社会建设”的概念，民政局也相应提出要进行“社区建设”。在社会建设的背景下，我国开始推进社区建设，并经历了试验探索和全面深化两个阶段。

（一）社区建设试验探索阶段

自从民政部1987年开始在城市开展针对特殊群体的社区服务之后，社区服务便得到了持续的普及和推广，服务对象逐渐包含全体社区居民，服务项目也变得越来越多。但是随之而来的是社区出现了很多新情况和新问题，仅仅依靠政府提供的社区服务并不能很好地解决，需要借助人民群众的力量协助处理，也需要基于社区服务提出一个更加包容的概念来引导整个社区的全面发展。1991年，民政部结合国外先进经验和我国实际国情，首次提出了“社区建设”这一概念，并对街道办事处和居民委员会等基层组织提出了更高的要求，明确了城市社区建设的重要性。

1998年3月10日，第九届全国人大一次会议审议通过了《关于国务院机构改革方案的决定》，确定了建立高效运转的政府行政管理体系、适应社会主义市场经济体制的政府行政管理体制和专业化行政管理队伍的改革目标，明确了精简、统一、效能、权责一致等改革原则，要求按照社会主义市场经济和依法治国的行政要求，转变政府职能、实现政企分离和精兵简政、完善行政运行机制和行政体系的法治建设①。同年，民政部“基层政权建设司”变更为“基层政权与社区建设司”，至此，“社区建设”被正式纳入国家行政职能的范畴。

1999年，民政部制定并印发了《全国社区建设试验区工作实施方案》，明确了社区建设的总体要求、基本原则、工作步骤及工作内容等，提出要改革城市基层管理体制，培育和建立与社会主义市场经济体制相适应的社区建设管理体制和运行机制②。为更好地实施《全国社区建设试验区工作

① 中华人民共和国中央人民政府. 1998年国务院机构改革[EB/OL].(2009-01-16)[2023-03-03].http://www.gov.cn/test/2009-01/16/content_1207000.htm.

② 民政部基层政权和社区建设司. 中国社区建设年鉴［M］. 北京：中国社会出版社，2003：40.

实施方案》，加快全国各城市社区建设步伐，民政部正式启动“全国社区建设实验区”工程。随后，全国社区建设实验区工作座谈会在杭州举行，民政部将北京市西城区、上海市卢湾区、杭州市下城区等11个城区确定为我国首批社区建设实验区，开展社区建设的试点和实验（邹左功，2000）。当时的民政部副部长在1999年召开的全国社区建设实验区工作座谈会上，就社区建设的总体思路和重要意义进行了阐述，他认为改革城市基层管理体制，必须要强化社区的服务管理功能，以街道、居委会为依托，以发展社区服务为龙头，以提高居民生活质量、提高人的素质和整个社区文明程度为宗旨。同时，当时的民政部副部长指出社区建设的工作目标有三个层次，一是建立与社会主义市场经济体制相适应的社区建设管理体制和运行机制，探索建立新型社区，逐步完善街道居委会的服务管理功能，推进街居工作社区化，社区工作社会化；二是在加强社区功能的基础上建设环境优美、治安良好、生活便利、人际关系和谐的文明社区；三是扩大基层民主，实行居民委员会的民主选举、民主决策、民主管理和民主监督①。

此后，民政局在北京、上海、天津、沈阳、武汉、青岛等地设立了26个“全国社区建设实验区”，每个省至少又设立了超过100个省级试验区。这些先锋城市开始积极开展社区建设实践，通过分析发现问题、制定解决方案、反复实践优化、总结推广经验等一系列动作来探索社区建设的创新路径，也在一定程度上积累了社区建设的重要经验。

这些社区建设试验区一方面积极探索社区居民自治的思路和对策，如武汉百步亭社区成立社区党委，探索实行“大党委制”，采取“双向进入、交叉任职”，尝试创新“党的领导、政府服务、居民自治、市场运作”的百步亭社区运作机制。江苏省南京市鼓楼区尝试以原有老街道为基础进行所辖行政区域的调整；南京市白下区（现已撤销）尝试撤销街道办事处，通过成立社区行政事务受理中心综合处理原分属街道和社区两级的行政事务，彻底改变了原有的“区、街、社区”三级传统管理模式；而重庆市江北区则是针对“没人、没钱、没地、没章”办事的“四无”难题进行了整合改革的实验。另一方面，这些社区建设试验区也对社区管理基层体制的

---

① 民政部副部长李宝库在全国社区建设实验区工作座谈会上谈社区建设的总体思路［J］.民政论坛，1999（5）：4.

改革方向和方法进行了初步探索，如沈阳市在社区治理过程中始终把握民主自治的基本原则不动摇，南京市则是着重发挥居民委员会在社区治理过程中的自治作用，上海市着力于社区管理体制改革，杭州市注重提高居民满意程度，而武汉市则侧重于创新社区工作机制。

这一阶段的中国城市社区建设突破了社区管理和社区服务的范畴，为城市社区建设注入了更加丰富和深刻的内涵。社区建设积极倡导社区居民群众、党政机关及各类社会团体等主体广泛参与到社区建设中，整合各类资源和力量共同建设社区。全国社区建设实验区在开展实验的过程中，不断积累成功经验，注重发挥各类主体在社区建设中的不同力量并形成合力，渐渐摸索出一条普适性较强的发展道路，即在社区建设过程中始终坚持党委和政府领导，由民政部门牵头、有关部门配合，发挥居民委员会主体作用，争取社区中介组织或民间服务组织等社会力量的大力支持，并最大程度地吸引群众广泛参与进来。

（二）社区建设全面深化阶段

全国社区建设试验区经过几年的实验，探索出了几种社区建设模式。如上海市的合作型社区建设模式，上海市在社区建设过程中大力推行政府推动和社区自治相结合的道路；青岛市的社区自治模式，青岛市在社区建设实践中坚持以社区为主导，政府只在必要时给予支持。2000 年 11 月 19 日，在充分总结全国各地城市社区建设探索实践经验的基础上，中共中央办公厅、国务院办公厅印发了《关于加强和改进城市社区居民委员会建设工作的意见》，指出不少社区居民委员会还存在着组织不健全、工作关系不顺、工作人员素质偏低、服务设施薄弱、工作经费难以落实等问题，这些问题影响了社区居民委员会功能作用的发挥，影响了城市社区建设的整体推进。该文件明确了加强和改进城市社区居民委员会建设工作的指导思想、基本原则和目标任务，对城市社区居民委员会的主要职责、组织体系、服务设施、工作队伍等建设内容提出了明确意见[①]。中共中央、国务院要求各地区、各部门结合实际认真贯彻执行《民政部关于在全国推进城市社区建设的意见》。这是我国首次将中国城市管理中发现的社区建设问

① 中华人民共和国中央人民政府. 关于加强和改进城市社区居民委员会建设的意见[EB/OL].(2010-11-09)[2023-03-03].http://www.gov.cn/jrzg/2010-11/09/content_1741643.htm.

题在中央文件中详细地指出，标志着社区建设试验探索阶段彻底结束，过往全国社区建设试验区试点实践的成功经验即将面向全国进行正式和全面的推广①。

2001 年 3 月 15 日，第九届全国人民代表大会第四次会议批准《中华人民共和国国民经济和社会发展第十个五年计划纲要》，将推进社区建设列入新时期我国经济和社会发展的重要内容，提出要建立与社会主义市场经济体制相适应的社区管理体制和运行机制②。2004 年 9 月 19 日，党的十六届四中全会提出，要构建社会主义和谐社会③。作为社会的基本构成单元，社区建设对社会发展的作用不容小觑，和谐社会的建设离不开和谐社区的助力。此后，民政部开始在全国倡导推进建设和谐社区，并对“和谐社区”的概念和内涵做了明确界定。2005 年 8 月 27 日，在长春举办的全国社区建设工作会议闭幕式上，民政部部长作了题为“建设和谐社区，为构建和谐社会奠定基础”的重要讲话，对新形势下建设和谐社区的重要性和紧迫性做了深刻阐释，指出社区作为社会的基本单元和居民的社会生活共同体，对构建社会主义和谐社会意义重大，并且明确提出了建设和谐社区的总体目标、基本原则和主要任务，对和谐社区建设工作做了全面部署④。

2006 年 4 月 9 日，国家出台的《国务院关于加强和改进社区服务工作的意见》，明确了在社会主义市场经济发展和城镇化进程加快的背景下，城市社区的重要地位和做好社区服务工作的紧迫性、重要性，明确了加强和改进社区服务工作的指导思想、基本原则、主要任务和具体措施，从服务范围、服务主体、服务功能和服务质量等方面提出了加强社区服务体系建设的具体要求⑤。

---

① 夏建中. 从街居制到社区制：我国城市社区 30 年的变迁 [J]. 黑龙江社会科学，2008 (5)：14-19.

② 中华人民共和国中央人民政府. 中华人民共和国国民经济和社会发展第十个五年计划纲要 [EB/OL].(2001-03-15)[2023-03-03].http://www.gov.cn/gongbao/content/2001/content_60699.htm.

③ 中国法院网. 中共中央关于加强党的执政能力建设的决定[EB/OL].(2004-09-27)[2023-03-03].https://www.chinacourt.org/article/detail/2004/09/id/133813.shtml.

④ 李学举. 建设和谐社区为构建和谐社会奠定基础 [J]. 红旗文稿，2005 (19)：2-5.

⑤ 国务院关于加强和改进社区服务工作的意见 [N]. 人民日报，2006-05-08 (001).

在城市社区建设的推进阶段，深圳市尝试构建“社区居委会+社区服务站和社区工作站”的“一会（分）两站”社区机构，代表行政主导型的社区建设模式；北京市西城区厂桥街道则探索了社区自治型的“三元组织体系”模式，即社区党支部、政府系统和社区成员代表大会共同领导下的社区居委会指导社区工作站进行社区建设；青岛市浮山后社区尝试不设街道的“大社区”合作型社区建设模式。城市社区建设实践成果丰富，模式多样，面临的核心问题就是政府与社区的关系，其基本演进逻辑是从政府直接管理社区逐步过渡到治理社区，并伴随社会治理的推进不断发展和变化。不管是哪种模式，政府和社区都有其特定的角色和独特的作用，都需要针对社区的实际情况采取特定的社区建设模式，以达成更好地促进社区建设的共同目标。随着社区建设发展实践的不断推进，各地社会管理体制改革也在同步推行，网格化管理模式悄然而生，网格进一步将社区细分，渐渐成为城市基层治理的基本单元。

三、城市社区治理阶段（2012 年至今）

2012 年 11 月 8 日，中国共产党第十八次全国代表大会在北京召开，胡锦涛同志代表第十七届中央委员会向大会作题为《坚定不移沿着中国特色社会主义道路前进 为全面建成小康社会而奋斗》的报告，指出在城乡社区治理、基层公共事务和公益事业中实行群众自我管理、自我服务、自我教育、自我监督，是人民依法直接行使民主权利的重要方式①。这是我国历史上首次将“社区治理”写入党的纲领性文件，标志着我国城市社区工作开始由社区建设阶段进入社区治理阶段，并且城市社区治理和乡村社区治理进入融合推进阶段。

（一）城市社区治理

2013 年 11 月 12 日，中国共产党第十八届中央委员会第三次全体会议通过《中共中央关于全面深化改革若干重大问题的决定》，指出要坚持源头治理，标本兼治、重在治本，以网格化管理、社会化服务为方向，健全

① 胡锦涛. 坚定不移沿着中国特色社会主义道路前进 为全面建成小康社会而奋斗［N］. 人民日报，2012-11-18（001）.

基层综合服务管理平台，及时反映和协调人民群众各方面各层次利益诉求①。至此，推进国家治理体系和治理能力现代化的改革目标被确立，城市社区治理被纳入国家治理体系和治理能力现代化的改革布局当中。“网格化管理”出现在党最高级别的文件中，肯定了“网格化管理、社会化服务”的基层治理方向，全国各地相继学习网格化管理模式的成功经验，开展社会治理网格化工作。网格逐渐成为一种新的国家治理社会空间格局，我国城市基层社会治理实现了从单位制、街居制、社区制到网格化的转变，完成了国家空间战略关注重点的转移。

在推进国家治理体系和治理能力现代化的背景下，为贯彻落实党的十八大和十八届三中全会精神，积极推动城乡社区治理和服务创新，2014 年 1 月 10 日，民政部同意将北京市东城区、天津市和平区、上海市徐汇区、湖北省武汉市武昌区、重庆市渝中区、四川省成都市成华区等 31 个单位确认为第二批“全国社区治理和服务创新实验区”，实验时间从 2014 年 1 月至 2016 年 12 月，为期三年。这是之前“全国社区建设实验区”的延续和拓展，“全国社区管理与服务创新实验区”也被正式更名为“全国社区治理与服务创新实验区”。被确认为“全国社区治理和服务创新实验区”的每一个社区都有明确的实验主题和实验任务，需要根据《全国社区治理和服务创新实验区管理办法（试行）》，围绕实验主题推进各项实验任务，为创新社区治理和服务探索新的经验。2015 年，民政部又将北京市西城区、天津市河西区、湖北省枝江市、四川省成都市武侯区等 40 个单位列为第三批“全国社区治理和服务创新实验区”。2019 年，北京市石景山区、天津市河北区、湖北省武汉市江岸区、重庆市江北区、四川省成都市金牛区等 29 个单位成为第四批“全国社区治理和服务创新实验区”。这些“全国社区治理与服务实验区”陆续分批次被建立起来，它们紧紧围绕社区治理体制机制的创新、自治形式的拓展、服务手段的优化等问题开展了广泛实践和积极探索，积累了基层治理和社区建设方面的初步经验，大大拓展了我国社区治理探索的深度和广度。

2017 年 6 月 13 日，中共中央国务院印发《关于加强和完善城乡社区

---

① 中共中央关于全面深化改革若干重大问题的决定 [N]. 人民日报，2013-11-16（001）.

治理的意见》，指出城乡社区是社会治理的基本单元。该文件充分总结和凝练了在城市社区建设时期全国各地的实践探索新经验，特别强调在健全完善城乡社区治理体系过程中要充分发挥基层党组织的领导核心作用，注重发挥基层群众性自治组织的基础作用，统筹发挥社会力量协同，具体阐释了加强和完善城乡社区治理的总体要求和基本原则。该文件对健全完善城乡社区治理体系、提升城乡社区治理水平、补齐城乡社区治理短板、强化组织保障等领域提出了指导性意见。通过增强社区居民参与能力、社区服务供给能力，强化社区的文化引领、依法办事、矛盾预防化解、信息化应用的能力来提升城乡社区治理水平。通过改善社区人居环境、建设综合服务设施、优化社区资源配置、推进社区减负增效、改进物业服务管理来补齐城乡社区治理短板①。这是中华人民共和国成立以来首次以党中央、国务院的名义下发的关于城乡社区治理的纲领性文件，将城市社区和乡村社区融合在一起进行规划和管理。该文件的出台标志着从中央层面确认了我国社区发展正式进入社区治理新时代（张雷，2017）。

2017 年 10 月 18 日，中国共产党第十九次全国代表大会在北京隆重召开，习近平同志代表第十八届中央委员会向大会作题为《决胜全面建成小康社会 夺取新时代中国特色社会主义伟大胜利》的报告，报告指出要加强社区治理体系建设，推动社会治理重心向基层下移，发挥社会组织作用，实现政府治理和社会调节、居民自治良性互动②。报告中关于“城乡”的论述有 12 处，城乡融合发展被放到整个现代化建设的大格局中，其指向是人的自由全面发展，归宿是人与自然和谐发展的目标要求。城乡发展进入了新的发展阶段，社区建设也必然面临新的发展。

2022 年 10 月 16 日，中国共产党第二十次全国代表大会在北京人民大会堂隆重开幕。习近平同志代表第十九届中央委员会向大会作题为《高举中国特色社会主义伟大旗帜 为全面建设社会主义现代化国家而团结奋斗》的报告，指出要健全共建共治共享的社会治理制度，提升社会治理效能③。

① 关于加强和完善城乡社区治理的意见 [N]. 人民日报，2017-06-13 (001).

② 习近平. 决胜全面建成小康社会 夺取新时代中国特色社会主义伟大胜利 [N]. 人民日报，2017-10-28 (001).

③ 习近平. 高举中国特色社会主义伟大旗帜 为全面建设社会主义现代化国家而团结奋斗 [N]. 人民日报，2022-10-26 (001).

报告中关于“城乡”的论述有16处，系统科学地总结了过去十年城乡发展取得的成就，制定了未来五年城乡发展的目标及具体举措。我国社区治理的重心进一步转移到人民群众身上，社区居民的治理主体属性凸显。

（二）城市社区“微治理”

追溯起来，我国早就产生了“微治理”的实践，且在农村社区的实践远远早于城市社区。早在1987年，广东省连州市保安镇熊屋村就已经开始尝试在村民代表的基础上组织成立村民理事会，与村干部共同管理村中公共事务，村民理事会作为社会管理创新、加强村民自治的一种新方式开始在广东省清远市进行实验。此后，山东、安徽、江西、广西、云南等省（区）也开始探索村民理事会的治理模式。2013年8月，安徽省十二届人大常委会第四次会议通过修改了的《安徽省实施〈中华人民共和国村民委员会组织法〉办法》（以下简称《办法》），该《办法》在全国范围内首次将村民理事会写入《中华人民共和国村民委员会组织法》实施办法，并对村民理事会的选举方式和职能进行了规定①。

城市社区关于“微治理”的实践则可追溯至武汉市江汉区满春街小夹社区1998年发起的“门栋自治”探索以及2003年起进行的“院落自治”尝试（张大维，2006）。此后，北京、成都、重庆等多地也在本地社区进行了院落自治、楼栋自治等形式的社区“微治理”试点。2014年2月，民政部为发掘、总结和推广社区治理的优秀创新成果，促进我国社区治理体制机制和方式方法创新，进而推进国家治理体系和治理能力现代化，联合其他单位共同开展了“2013年度中国社区治理十大创新成果”遴选活动。厦门市海沧区兴旺社区的社区“微治理”项目在评选过程中脱颖而出，获评“2013年度中国社区治理十大创新成果”。

厦门市海沧区的社区“微治理”项目是通过“微治理”实践社区自治，核心在于“以小事为抓手，以生活为平台，以居民为主体，以参与为核心，将自治内容嵌入居民日常生活，让社区自治、民主参与内化为居民的一种生活习惯”。具体做法有以下四点：一是通过立足微心愿、建立微

---

① 安徽省人民代表大会常务委员会办公厅. 安徽省实施《中华人民共和国村民委员会组织法》办法[EB/OL].(2013-08-07)[2023-03-03]. http://www.ahrd.gov.cn/article.jsp? strId=1375842425375348&strColId=174db395ecad4e6395ef07c05c3738da.

项目、丰富微行动等措施，从细微处着眼社区治理发展，以“微事物”嵌入居民生活；二是通过引导民间自治组织发展、激活社区公益组织作用、推动多元互助组织成立等措施，以“微组织”突出群众主体；三是通过打造网络治理平台、参事议事平台、外来人口服务平台等“微平台”构建自治载体；四是通过完善参与机制、强化激励机制、巩固服务机制等措施，以“微机制”激发参与动力。厦门市兴旺社区的“微治理”探索实践，在激活社会、凝聚群众参与、培养居民自治习惯等方面取得了显著的成效，开始向全国推广。至此，社区“微治理”开始受到政府部门、社会各界和学术领域的广泛关注（汪仲启、周彦如，2022）。

城市社区“微治理”，在一定程度上可以理解为将城市范围内的社区划分为更小单元进行治理，如小区、楼道、门栋等，强调党的领导下的居民自治。除了最初武汉市江汉区满春街小夹社区创制的门栋自治和院落自治以外，上海市杨浦区也将楼组作为重要的治理单元，探索出“市—区—街道—居委会—楼组”五级治理体系。还有一些地方的社区依据当地实际创建了其他形式的微自治。例如，东莞市在已有的网格化管理体系基础上纳入了楼盘小区，构建了“市—街道—社区—网格（楼盘小区等）”四级治理网络。南京市则是将一个或若干个自然居住区视作微社区进行“微治理”，为居民提供超市、娱乐、教育、医疗等生活服务，办理或者代办一些政务服务事项等。这些新建的末梢治理单元都是由居民构成的，相较于“半科层化”和“悬浮”的居委会，它们更能够代表群众。

2020 年 8 月 28 日，《成都市社区发展治理促进条例》由成都市第十七届人民代表大会常务委员会第二十次会议通过，2020 年 9 月 29 日，四川省第十三届人民代表大会常务委员会第二十二次会议批准。该条例共七章，包含总则、社区发展、社区治理、社区服务、保障与监督、法律责任、附则①。这是全国首部以社区发展治理为主题的地方性法规（宋锐辉、张平，2022），强调社区治理既需要基层党组织的领导，也离不开居民和社会的力量，需要各类主体的参与和良性互动，这与社区“微治理”的内涵在一定程度上有异曲同工之处。成都市一直致力于社区“微治理”的实

① 成都市社区发展治理促进条例［N］. 成都日报，2020-10-14（011）.

践探索，如成华区试点“小区（院落）+社团”小单元自治模式，成立“成华区服务治理大联动中心”，推行“互联网+社会治理”和“互联网+社工、社区、社团、社会”的“四社联动”机制，同时建立“区—街道—社区—院落”四级社会组织孵化体和“1+1+X”的“微治理”体系等，各街道103个社区、115个院落构建“居委会—社区专委会—院落社会组织”的自治体系，同时引导工会、妇联、共青团等组织建立“同心多圆”枢纽化群团组织体系。成都市郫都区犀浦镇犀和社区则是尝试推进“以基层党组织为引领、业主委员会为主体、院落委员会为辅助”的小区“微治理”模式，在社区治理创新方面颇有成效。

第二节　城市社区“微治理”的产生基础

城市社区“微治理”是社区治理长期实践的创新成果，是顺应社会精细化治理趋势的必要探索。行政权力的高度渗透使得传统社区治理模式已经无法触及公共领域的末端及微观层面的治理问题（阙天舒 等，2016），需要新的治理模式去解决这些问题。在社区群体结构复杂化、社区空间结构差异化的背景下，亟待新的社区治理方式去满足社区居民的多样化需求，更高效地实现公共事务的细分治理，而智能化的社区治理工具又为这种全新的模式提供了技术支撑。社区“微治理”就在这样的环境下应运而生。

一、社区群体结构的复杂化

随着社会变迁和城市化进程加快，人口流动性增强，城市社区居民的群体结构随之发生巨大变化。城市社区中各个群体的价值观、生活方式、文化素养都存在较大差异，对事物的看法也必然会有很大区别，对于公共事务就比较难达成共识；而快节奏的生活、不同的作息和紧闭的房门，又让社区居民之间很难产生交集，缺乏沟通和理解，一旦产生分歧便极易转化为社区内部矛盾。按照户籍地与居住地是否分离为标准，将城市社区居民主要分为以下三类群体。

（一）“户在人也在”群体

“户在人也在”群体，顾名思义就是户籍地在社区且日常居住地也在社区的居民。这类群体主要是城市社区的原住民，或是来城市打拼买房落户的新居民。前者年龄大多在55周岁以上，多居住在20世纪80年代建成的单位宿舍小区，他们大多已经退休，物质生活较为优渥且拥有大量闲暇时间，思想比较传统，日常生活规律，很多人的儿女都不在身边，只有老两口一起生活，空巢现象较为严重，年龄较大的原住民一旦身体健康出现状况，就容易出现无人照料的情况。后者年龄则普遍分布在25～40周岁，正是打拼事业的时候，其中单身或者已婚未育的家庭，工作日都早出晚归，只在家睡觉，周末的大部分时间都在家休息，而已婚已育的家庭则居住人口较多，可能会有父母或者保姆在家带孩子，工作日家中也有人，但周末多安排出门不在家。

（二）“人在户不在”群体

“人在户不在”群体，即户籍地不在社区但长期居住在社区的居民。最典型的就是进城务工人员，他们为了到城市寻求工作机会或商业经营机遇等工作原因，或者是为子女寻求更好的教育资源和受教育机会等生活原因，进入城市租住或者购买住房，成为社区常住群体。他们有些人是背井离乡独自来到城市务工，有些人是大学毕业寻求更好的工作机会，他们的收入目前还不足以支付房贷，这部分人的流动性就较强，多选择租住于老旧小区。而那些在当地购买了房产，长期居住于此但户口没有迁来这座城市的群体，则有可能是为了保留农村户籍享受集体经济分红而不愿意将户口从农村迁出，或是因为家庭条件优越，在多地购有房产，不愿将户口迁入到居住的城市，这部分人则多住在商品房小区或是高档小区。

（三）“户在人不在”群体

“户在人不在”群体，则是指户籍地在社区但常年在外地居住的居民，这类群体虽然人没有居住在社区，但因其户籍没有迁走，便仍属于社区管理的对象。他们多是跟随年轻一代到其他城市生活的老人，也有可能是户籍留在原单位职工福利房但居住在更好的商品房的退休人员，还有可能是拥有多处房产的居于别处的或者长期居于国外但仍保留中国国籍的人。这类群体多数属于富裕阶层，文化素质较高，虽然人不在户籍所在地社区居住，但因户籍制度限制原因也时常会回来办理一些公共事务。

总体而言，城市社区居民的群体构成呈复杂化发展趋势，进而导致社区利益结构碎片化现象突出。居住在同一社区的居民有可能会因为户籍、身份、阶层、房屋产权等原因产生利益差异，也有可能因购房、租房、拆迁安置等入住小区的原因不同而产生利益差异（李强，2019）。而随着人口流动性产生的还有人户分离的现象，即人口和户籍不在同一个地方，这就导致社区中往往会存在户籍人口和常住人口两类群体，又无形中给社区的管理服务增加了难度，传统的社区治理模式在现阶段的城市社区治理实践中已经不太适用。

二、社区空间结构的差异化

城市社区空间结构的差异化主要表现为社区居民居住的小区类型不同，根据小区修建时间的不同可以将小区划分为老旧小区与新建商品房小区，而根据小区修建标准的不同又可以将商品房小区分为普通小区与高档小区（李爱爽，2022），因此将社区空间结构划分为以下三类。

（一）老旧小区

城市现有的老旧小区大部分都是原有的职工宿舍区，这些小区往往都是由政府或者单位出资修建的，在单位制改革之后以福利房的形式低价卖给了单位职工。1998 年 7 月 3 日，国务院发布的《关于进一步深化城镇住房制度改革，加快住房建设的通知》规定“1998 年下半年开始停止住房实物分配，逐步实行住房分配货币化。新建经济适用住房原则上只售不租。职工购房资金来源主要有：职工工资，住房公积金，个人住房贷款，以及有的地方由财政、单位原有住房建设资金转化的住房补贴等”。至此，我国城镇住房体制从根本上发生了改变，城镇职工以前享有的福利分配住房自此从历史上消失，转而由职工以较低价格买入单位公房，继而大部分城市居民在此阶段拥有了自己的住房。

现在这些单位住房慢慢蜕变为老旧小区，产生的最大问题便是普遍没有进驻物业公司，小区的物业服务多靠政府兜底。造成这个问题的原因一方面是因为老旧小区的常住居民的物业管理费很难收齐，他们要么是年龄偏大的原住民，习惯了过去由单位统一管理服务的做法，不适应市场型的物业管理方式，不愿自行承担物业管理费，要么就是群租的流动人口，无法承担或者不愿承担市场上的物业管理费；另一方面则是因为老旧小区盈利空间不足，物业公司不愿意进驻小区。且不说老旧小区物业费收取标准本来就低，物业管理难度还大，又很难收取足额的物业费，光是小区年久失修的房屋和基础设施维护费，物业公司就承担不起；加之老旧小区没有可用的公共维修基金，消费能力不足、广告效益低，公共空间狭小也没有充足的停车位，这些都导致物业公司丧失其他盈利渠道，市场化的物业公司根本就不想进驻老旧小区（刘成良，2017）。

（二）普通小区

2000年以后，我国房地产开始步入市场化发展阶段并取得了长足的发展，全国各大城市的新建商品房小区如雨后春笋一般迅速兴起并呈欣欣向荣之势（李强，2009）。有别于以往购房需要身份资格，这时的房地产市场只需要购房者付出同样的代价，就可以住进同一商品房小区，彻底打破了过往的熟人邻里关系。不过因为每一个购房者的购买能力不同，他们只会在自己的购买能力范围以内选择居住小区，因此也就产生了高档小区与普通小区的差异。

普通商品房小区的物业公司多为中小型企业，物业管理服务水平参差不齐，管理不善的物业公司很容易与小区业主之间因为服务质量、收费标准等问题产生纠纷和矛盾；加之商品房小区居民互相并不熟悉，很难成功召开业主代表大会选举出能够充分代表小区居民意见的居民委员会，业主与物业公司之间一旦产生不可调和的矛盾，小则需要社区介入进行调解，大则需要社区监督启动业主代表大会程序更换物业公司，将耗费大量的组织、协商成本和时间成本，大大增加了社区的工作量。

（三）高档小区

与普通小区形成鲜明对比的是高档小区，在这些小区与业主对接的多是相对优质的物业公司，毕竟物业公司的主要目的是盈利，而高档小区的条件优越、物业收费标准高，盈利空间也就较大。对于物业公司而言，高档小区的业主大多是私营企业主、企业管理人员等高收入群体，只要服务到位，他们普遍可以接受更高的物业管理费；同时高档小区大多较为封闭，基础设施完善，公共空间多元，为物业公司管理提供了多重便利；此外，小区业主基数大，物业公司能够收取更多的物业管理费，同时又有利于物业公司对管理成本进行控制。在市场经济环境下，优质的物业公司更愿意为高档小区服务，而且为了增强市场竞争力、追求长期效益，这些公司也很注重口碑和品牌的打造，通过提高物业管理水平来为小区提供长期优质的物业服务。

总而言之，不同的社区空间结构引起物业公司匹配的差异化，为数不多的高档商品房小区对接优质物业公司，老旧小区和普通商品房小区却处于无物业公司管理或低质量物业供给的困境。物业公司作为市场化的治理主体，在减轻基层政府和社区的治理负担方面发挥着不可忽视的作用，因为物业公司在为小区业主提供专业化物业服务的同时，也不可避免地会承接大量的治理性任务，例如保障小区治安安全、宣传党和国家政策、解决业主间的矛盾纠纷等。没有物业公司管理的小区面临问题时更多需要寻求政府的支持，例如垃圾清运、房屋及基础设施维修等，而那些本可以由物业公司管理人员协助化解的居民间矛盾纠纷等问题，却需要社区甚至政府职能部门的工作人员出面干预。因此，在社区空间结构差异化的背景下，物业服务水平参差不齐问题凸显，市场化主体在小区物业管理中的缺位现象，将会给基层政府和社区带来更多繁重复杂的治理任务，这增加了基层治理工作的强度和难度，亟待新的治理模式来解决。

三、社区公共事务的细分化

奥斯特罗姆夫妇认为，公共事务治理就是生产和供给公共产品，其中生产是公益产品或者服务得以成为存在物的物理过程，而供给则是消费者得到产品的过程（Elinor Ostrom，1990）。治理过程存在行政管理者与自治管理者两类治理主体，他们是公共产品的掌舵者与划桨者，政府行政管理与社区自治管理应当分开（刘志昌，2007）。社区公共事务多是以物化的形式存在，可以借用公共产品理论来界定和划分社区公共事务，如采用产品属性、主体数量、受益范围、事务来源等标准；而社区公共事务的治理主体主要包括政府组织、社区组织和其他社会组织三大类。根据事务属性、责任主体和相近事务合并的原则，可以将社区公共事务细分为行政事务、公共服务和自治服务三大类。

（一）社区行政事务

社区行政事务主要是指那些由特定的执法主体和法定的行政主管部门以社区为单元提供的管理型公共产品的组合，其最大的特点是管理主体只能是政府组织。我国法律规定的由各政府部门承担的管理、执法、监督活动均属于社区行政事务，如社区内建筑物规划，社区环境管理，治安与消防管理，医疗卫生管理，社会保障管理，基础设施的管理、执法、监督等（陈伟东，2005）。根据事务属性特点，社区行政事务又可以细分为三小类：一是社区行政管理事务，指政府对社区公共事务的规划、审批、筹资、监管等，如公安部门对出租屋的安全检查及重点人群的监管；二是社区行政执法事务，指对社区居民违规行为的纠错和处罚，如拆除违法建筑等事务；三是公共信息采集事务，如人口、房屋基本信息采集（郎晓波，2010）。

（二）社区公共服务

社区公共服务主要是指那些由专业性组织给社区提供的服务型公共产品的组合，是政府安排的服务类社会公益产品，用以满足社区居民公共需求。社区公共服务也可以根据责任主体分为三小类：一是特定人群服务，是由特定公共服务组织针对社区特定人群（如育龄妇女、离退休人员、外来人口、残疾人等）提供的社会服务，一般有技术性服务和资格审核两类事务；二是市政服务，是由政府和各类公营事业部门提供的如公共教育、医疗保健、供电供水供气等服务与收费活动；三是物业服务，商品房小区、纯单位型社区由物业服务企业服务，未建成小区由政府负责。

（三）社区自治事务

社区自治事务是指那些由社区组织承担、除社区行政事务和社区公共服务以外的社区公共事务，包含由社区居委会完成的社区法定组织事务和社区邻里互助事务。基于社区自治的功能，社区自治事务又可分为反映居民需求和意见、培育社区民间组织、开展民间调解活动、实施监督和组织开展社区民主活动五个方面。而社区邻里互助事务主要是指由居民集体行动提供的服务，如邻里关照与生活互助、邻里资金互助等。

构建共建共治共享的社会治理制度，对加强社区治理体系建设、社会治理重心向基层下移提出了新要求。过去的社区行政化体系导致社区治理重心始终停留在基层社区，社区工作人员任务繁重，管理效能低下，尤其是城市社区公共事务的种类随着服务型政府职能不断深化而越来越多，亟待重新划分政府行政部门、社区组织及居民的职责，更好地进行细分治理。

四、社区居民需求的多样化

满足社区居民的需求是社区公共服务的基本内容，也是社区治理的重要任务。对应不同的社区群体结构和空间结构以及不同类型的公共事务，城市社区居民的需求也呈多元化、差异化趋势。将社区居民需求按照群体、空间和事务类型划分为三类。

（一）不同群体居民需求

对于那些户籍地在社区且日常居住地也在社区的居民，老年居民的需求可能更多侧重于老年人紧急救助、医疗保健咨询服务、居民体质监测等与身体健康息息相关的内容，青年人则更需要代领快递、协调家庭关系、完善公共设施等与家庭生活便利相关的服务，已婚已育家庭对兴趣班培训、文体活动设施、社区二手物品交换项目等服务内容更有需求。

对于户籍地不在社区但长期居住在社区的居民，进城务工人员更关心社区便民生活服务信息和热线咨询、法律援助等服务，购房未迁户人员的需求可能更侧重公共设施完善、小区周边设施等与住房、小区相关的内容，特殊群体会更加关注政府社区公共服务政策等与他们切身利益相关的内容。

针对那些“户在人不在”的居民群体，由于他们的户籍没有迁走，很多行政事务都需要回户籍所在地办理，因此他们的需求更多侧重于信息采集、福利保障等与他们自身相关的社区行政事务。

（二）不同空间居民需求

老旧小区大多没有物业服务企业，且居住者更多是属于原住民的各单位退休人员或是属于流动人口的租房人员，他们对社区便民服务、特殊群体福利等方面的需求较高，如了解老旧小区加装电梯的政策、城市流动人口管理办法等。普通小区的物业服务水平可能参差不齐，小区有可能存在停车占道、公共设施老化、邻里纠纷频发等诸多问题，居住于此的居民可能就对公共设施完善、物业和业委会服务等方面存在需求。高档小区的居民具有良好的物质生活条件，对于社区健康和信息类需求不大，但会对物业和业委会的服务要求较高，也会注重邻里关系的维护。

（三）不同类型事务需求

城市社区居民所属群体、所处空间、年龄结构都会对社区居民需求产生影响，对社区公共事务的类别需求也存在差异化。户籍在社区的居民群体会比较关注社区行政事务，如办理各类证件需要清晰便捷的行政审批流程、社区发展规划等；老年人群体可能会对社区公共服务的需求较为迫切，如医疗保健、供水供气供电收费等。居住在商品房小区的居民对社区自治事务更为看重，在业主委员会选举和行使权力、向上反映自身意见和建议等事务上有自己的需求。

如何满足异质化居民的个性化需求是社区工作的难点，尤其是经常被忽略的“微民生”需求是传统的社区治理模式满足不了的。面向同一社区不同群体居民多样化的需求，差异化服务就被提上日程，城市社区“微治理”应运而生。

五、社区治理工具的智能化

随着信息化、网络化、数字化及智能化的发展，我们进入了“互联网+”时代，大量先进的计算机信息技术、人工智能技术、多媒体技术等被广泛运用到工作生活的方方面面，社区治理领域也不例外。现代化的社区治理离不开信息技术手段和智能化工作。社区治理工作的智能化代表主要有以下三类。

（一）数字政务服务平台

应将数字技术广泛应用于政府管理服务，推动政府数字化、智能化运行，为推进国家治理体系和治理能力现代化提供有力支撑。推动政府数字化、智能化运行，在城市社区治理的实践中，首当其冲的就是数字政务服务平台的搭建，利用信息技术和互联网数字技术打通“政府—市场—公众”之间的沟通屏障，冲破资源要素的时空传递限制（徐维祥 等，2022）。

社区政务服务是指基层政府各部门、事业单位根据法律法规，以社区为单元为社区居民组织及个人提供许可、确认、裁决、奖励、处罚等行政服务。我国政府一直致力于将数字技术应用于政府管理服务，伴随着信息网络技术的发展，信息传播媒介的改变，各级政府部门都搭建了政务服务平台，从最初的互联网门户网站、官方微博到政务服务 APP、微信公众号、小程序，再到官方视频号等，始终在与时俱进，电子政务的服务范围在不断拓展，服务水平也在持续提高。数字化政务服务平台的搭建一方面有利于信息的公开和流动，有利于党和国家政策的宣导和解读，有利于促进政务公开，即行政机关的决策、执行、管理、服务、结果全过程公开，保障公众的知情权和监督权；另一方面有利于各类公共事务实现网上运行和办理，通过梳理和优化政府各项政务服务工作流程，重塑了公共事务和服务的审批、登记、办理手续和流程，完成了大部分公共事务和服务事项的线上办理和“一网通办”。除了政府部门，数字技术的应用也慢慢延伸到基层治理，越来越多的社区也开始尝试根据自己所辖地区的真实情况和居民需求，搭建数字政务服务平台，开展便民服务。

（二）智慧小区管理系统

2021 年 4 月，中华人民共和国住房和城乡建设部等部门发布的《关于加快发展数字家庭 提高居住品质的指导意见》，明确了数字家庭服务功能：满足居民获得家居产品智能化服务的需求、满足居民线上获得社会化服务的需求、满足居民线上申办政务服务的需求①。数字政务服务平台的搭建有助于加快发展数字家庭，构建智慧社区和智慧小区管理系统。

我国城市社会建设的步伐稳步向前，智慧社区建设同步上线，利用各种信息化手段，帮助社区居民足不出户就享受到各种便捷服务，增强归属感（张若冰 等，2021），有助于社区居民美好生活的实现，推动传统城市转型和升级，提升公共服务和社会治理水平（曹海军 等，2021）。智慧社区建设主要依托社区基础设施、网络和数据中心，以社区为基本单位，整合内外资源，构建社区“服务+治理”的基层社会管理体系，包含智慧社区大脑、智慧社区综合管理系统、智慧社区公共服务系统、智慧小区管理系统等。

---

① 中华人民共和国中央人民政府. 住房和城乡建设部等部门关于加快发展数字家庭 提高居住品质的指导意见[EB/OL].(2021-04-06)[2023-03-05].http://www.gov.cn/zhengce/zhengceku/2021-04/17/content_5600311.htm.

智慧小区管理系统借助网格管理服务平台，搭建门禁设备系统、车行门禁管理系统、智能安防系统、智能物业管理系统等子系统，并利用视频连网、人脸识别技术和云应用搭建社区物联网，实现数据资源互联互通和整合共享。这一方面能够借助高新科技更好地梳理和满足小区业主的需求，给小区居民带来多元化、智能化的服务体验；另一方面能够协助物业管理公司对小区进行规范化、智能化管理，在提高管理效率和服务水平的同时，节约成本。

（三）小区网络公共空间

城市社区居民之间人际关系淡化，邻里之间交往甚少，现实中的“串门”现象罕见，但是随着互联网的迅速发展，网络信息交流工具增多，网络人际沟通更加便捷，网络交流成为公众生活的一部分。中国互联网络信息中心（CNNIC）发布的第 50 次《中国互联网络发展状况统计报告》显示，截至 2022 年 6 月 30 日，我国网民规模为 10.51 亿，互联网普及率达 74.4%①。将互联网交流的广泛性、时效性与社区居民的需求相结合，建立社区网络交流平台以及社区内的公共交流空间，能够有效促进社区内居民互帮互助，形成和谐的邻里关系（王伟，2019）。

在社区治理实践过程中，网络交流平台起到了举足轻重的作用，通知公告的发布、公共政策的宣导等公共事务离不开网络平台的传播。如今，几乎每个小区都有自己的业主微信群，有些甚至每个门栋、每个单元也会有自己的微信群，业主在群里畅所欲言，进行社交。物业也会建群便于与业主交流，在线接收并反馈业主提出的问题和需求，便于提高服务的及时性和回应性。社区网格人员会加入群众发布重要通知，接受线上咨询和交流，大大提高了工作效率。此外，业主之间也可能会基于某些共同的需求单独建立微信群，如二手闲置物品交换群、菜鸟驿站服务群、电梯加装项目沟通群等，这些交流群共同构成了小区的网络公共空间，充分将互联网交流的广泛性和时效性与小区居民的多元化需求相结合，有助于提升社区精细化治理水平。

我国社区治理的平台经历了持续的变革，过去的城市社区治理更多依

① 光明网. 第 50 次《中国互联网络发展状况统计报告》发布[EB/OL].(2022-09-01)[2023-03-05].https://epaper.gmw.cn/gmrb/html/2022-09/01/nw.D110000gmrb_20220901_4-10.htm.

托垂直化的科层制和以电话为主的通信手段，随着信息技术、多媒体技术的快速发展和广泛应用，信息化、数字化、智能化的平台革新给城市社区治理带来了全新的可能性。数字政务服务平台、智慧小区管理系统和小区网络公共空间的构建和完善，都是城市社区治理工具智能化的体现，有助于为城市社区“微治理”创新的实践提供技术性支持，奠定数字化基础。

第三节　城市社区“微治理”的实施成效

城市社区“微治理”经过全国各地多年的探索和实践，在提高社区治理现代化水平、加深社区治理精细化程度、助力社会治理重心下移、提升政府履职能力等方面成效显著。

一、提高社区治理现代化水平

推进社会治理现代化，就是要加强治理理念、治理工作布局、治理体制、治理方式和治理能力的现代化。社区作为社会的基本单元，社区治理现代化水平的提升是推进社会治理现代化的基础。城市社区“微治理”通过建立社区多元治理主体的协同机制、加强现代信息技术在社区治理实践中的应用等方式，有效地提升了城市社区治理的现代化水平。

（一）建立治理主体协同机制

社会治理体系的变革离不开多元化治理主体的力量，社会治理需要社会和公民的力量的参与，最大程度地发挥这些治理主体自身的优势，集中力量形成治理合力。

城市社区“微治理”的一个重要特征就是治理主体多元化且建立治理主体协同机制。城市社区治理涉及政府组织、市场组织和社会组织三类，包括基层政府、街道办事处、居民委员会、物业公司、社区企业、社区组织、志愿团体、社区居民等多元化的治理主体。这些主体在社区治理过程中又存在差异化利益诉求，“微治理”的产生使得这些主体的利益诉求得以协调，形成多赢局面，让社区成为充满活力的社会共同体。另外，城市社区治理主体之间的相互关系、职责边界、作用方式、沟通形式等都必须有详细的制度化机制来统筹协调，这种机制需要空间来创建、验证和优化，而“微治理”正好提供了这样一个制度生成的空间。

（二）加强现代信息技术应用

随着信息化、网络化、数字化及智能化的发展，“互联网+”时代到来，现代化社区治理领域开始广泛应用各种先进的计算机信息技术、多媒体技术及数字化技术等。现代信息技术具有信息传播速度快、综合计算能力强、不受时间空间的局限等优势，是城市社区“微治理”实践中不可或缺的技术支撑。城市社区“微治理”需要整合各治理主体的力量，打破信息壁垒，加强联系并降低合作成本，推动信息技术手段在社区治理过程中的深入运用。

一方面，在城市社区“微治理”模式下，我们通常会运用信息技术全面收集社区居民的意见和诉求，让居民群众能够充分地表达自己的诉求和观点，为治理的有效性和代表性奠定基础；同时我们也会利用信息技术综合治理主体各方意见，评估各类解决方案，最终促使主体达成一致意见。另一方面，由于信息技术的覆盖面是有限的，而处理信息的人员的精力和能力也是有限的，因而信息技术的运用存在短板，需要进一步细分技术覆盖空间。城市社区“微治理”将治理单元从社区进一步细化为小区甚至楼栋，治理单元内结构简单，治理规模也相对微小，恰好能够有效克服信息技术的应用短板，进一步加强信息技术在现代化社区治理实践中的应用。

二、加深社区治理精细化程度

社会治理精细化强调政府部门着眼于微处，满足不同群体的社会需求，提高治理绩效。社区治理是社会治理的重要组成部分，城市社区“微治理”是社区治理的重要发展趋势，它通过优化社区内公共事务分类细化治理、精准回应社区居民的多元化需求，加深了社区治理的精细化程度。

（一）优化公共事务分类治理

社区公共事务可以根据事务属性、责任主体等原则分为行政事务、公共服务和自治服务三大类，其治理主体主要包括政府组织、社区组织和其他社会组织。社区公共事务分类治理是社区干部为了更好地实现社区公共事务的有效治理，在具体实践过程中探索出来的一种治理策略。其基本工作流程是先由社区工作人员将社区公共事务进行合理分类，然后选择合适的治理主体来处理，分类往往是先于治理的。但是在日常实践过程中，社区工作人员因为要考虑治理效果和治理成本等现实因素，分类和治理经常是融为一体的，社区公共事务分类治理的科学性和合理性就容易受到人为的干扰和影响。

城市社区“微治理”通过治理单元的细化和下沉，扩大了社区治理层级，丰富了社区治理力量，一方面优化了社区公共事务的分类标准，另一方面也优化了公共事务分类治理主体的选择机制。在实践过程中，能够通过制度强化或细化解决的社区公共事务多交由社区处理，能够依托技术工具处理的社区公共事务交由物业公司完成，涉及较多专业知识的社区公共事务交由社会组织解决，而那些涉及居民切身利益、社区工作人员不方便出面的微小社区公共事务则作为自治事务交由居民自己解决。

（二）精准回应社区居民的多元化需求

基层治理的回应性，指的是基层治理要回应基层社会的内生性需求，要提供内生型的社会公共品（印子，2020）。满足社区居民的需求是社区治理的基本内容和重要任务。城市社区存在不同的社区群体结构、不同的社区空间结构、不同类型的公共事务，生活在其中的居民，其需求也呈多元化、差异化趋势。并且社区居民人口基数庞大，逐一了解他们的需求是很难实现的，必须重新划分统计单元，在社区单元以下设置更小规模的统计单元对居民的多元需求进行统计，从而更好供给需求解决方案。“微治理”从概念上来看，强调的就是治理规模和治理事务的微小化，以及多元治理主体间的密切合作，正好解决了需求统计单元细分的问题。

社区的内生力是社区自主性治理持久开展的重要基础。面对同一社区不同群体居民多样化的需求，城市社区“微治理”可以通过盘活社区内的各种关系，激发社区内生治理力量的活力，突破异质化居民的个性化需求解决治理难点问题。城市社区“微治理”模式解决的是治理领域末端“最后一百米”的问题，它通过对治理单元的有效细分以及对社区居民需求的精确把握，促进多元需求的精准化回应和精细化满足。

三、助力社会治理重心下移

由于治理资源、治理能力等因素限制，政府部门在相当长的一段时间内无法将社会治理的重心向基层下移。而城市社区“微治理”主要着力于社区微观治理，解决的多是社区居民的“微心愿”“微矛盾”，而这些往往是政府部门长期穿透不足的领域，也是基层治理容易忽视或者力不从心的地方，“微治理”在一定程度上拓展了社会治理的空间，弥补了基层治理的短板。

（一）拓展社会治理空间

透过治理空间视角，可以发现城市社区“微治理”帮助政府实现了对社会的深度穿透，大大扩展了治理的空间范围。由于行政层级和管理幅度等原因的限制，政府部门对很多基层事务长期处于弱干预的状态，在基层的很多问题上政府部门是“缺位”的，存在感较弱，很多政策的执行力度也就不够，政府的社会治理空间比较受限。

城市社区“微治理”能够拉近政府与基层的距离，通过党建下沉、行政下沉、自治下沉，让政府部门有效地处理基层公共事务，有针对性地选择干预强度，使基层政权从基层神经末梢的细微之处承担起社区治理的责任，大大扩展了社区治理的空间。

（二）弥补基层治理短板

受基层职能部门职责、权力和能力等因素的限制，基层的很多问题容易出现“管得着，看不见”或者“看得见，管不了”的情况。基层的有些问题属于职能部门的职能范畴，但因为职能部门深入基层不够、沟通渠道不畅等使得这些问题很难被发现；还有一些问题，基层部门虽然非常清楚，但苦于没有执法权、牵涉多个部门等因素而有心无力。在具体的社会治理实践中，存在很多群众反映强烈但一直无法解决的问题，“微治理”在很大程度上弥补了这一治理短板。

一方面，国家基层治理体制机制不断改革，促使行政力量不断下沉和整合，在很大程度上改善了原来“条块分割”的状态，原来那些在“条”上无法解决的问题，现在可以以“块”状来整合行政力量解决，让这些问题在基层部门这一层级既被看得见也被管得着；另一方面，城市社区“微治理”以社区居民为中心，协调整合政府职能部门、社区、社会组织、居委会等多元治理主体的力量，形成强大的合力，对一些令行政部门感到棘手的问题，社区“微治理”可以形成缓冲甚至解决，让很多“来之于民”的问题又“化之于民”。

四、助力提升政府履职能力

（一）提高公共服务供给质量

提供公共产品与服务是政府的职能之一，但是完全依靠政府提供全面的公共产品与服务是不现实的，供给质量也会受影响，需要基层社会提供内生性社会公共品，协助政府提高公共产品与服务的供给质量，进而提升政府履职能力。为回应基层需求，完成公共产品与服务的全面供给，政府往往会将部分供给责任让渡给社会或者市场。但这往往会出现市场机制作用下供需不均衡的问题，供给质量也得不到保证。在传统社区治理模式下，粗放式的供给方式导致的公共产品与服务供给质量堪忧的情况时有发生。此外，社区公共产品与服务供给质量还会受到政府与社区居民之间物理距离的影响。尤其是那些需要居民申请、政府审批和办理的公共事务与服务，极容易因为涉及部门较多、办理流程和材料清单不明确等原因出现管理部门“踢皮球”、多次往返“来回跑”的现象。

城市社区“微治理”模式一定程度上遏制了这种现象的发生。一方面，“微治理”以社区居民为中心，协调统筹行政、社会和市场等多类治理主体，通过盘活社区内各种关系，让政府供给的公共产品与服务更符合居民需求，也让市场主体和社会组织更好地供给内生性公共产品与服务，促进公共产品与服务供给质量的提升。另一方面，社区“微治理”通过梳理与优化政府部门工作流程，整合社区治理机制体制，帮助政府部门和行政人员下沉到社区甚至“微治理”单元，大大缩短了政府与社区居民的距离。在“微治理”网络下，能够实现公共事务的集成化办理，即社区居民只需出一趟门，在一个窗口按要求提交申请和所需资料即可，剩下的流程均在政府部门内部流转，真正增强了社区居民的便利感与满意度。同时“微治理”模式拉近了政府与社区居民的接触距离，便于政府部门准确掌握该治理单元内公共产品和服务的供给情况，及时调整供给策略，提供更优质的服务。

（二）加强基层政府治理效能

政府履职能力的提升，离不开公共产品与服务的供给质量的提升，离不开搭建便于政府与公众之间沟通交流、互联互通的渠道，更离不开创新和完善社区内部矛盾化解的机制。

城市社区“微治理”的治理单元内配备有专门的政府部门和社区工作人员，便于直接传递党和国家、各级政府的政策文件、会议精神，以及收集和上报治理单元内的矛盾问题和居民需求，打通了政府与公众的沟通渠道，发挥了基层治理“桥头堡”的作用。在城市社区“微治理”创新实践中，党和国家的方针政策可以直接贯通传达至“微治理”单元，行政部门职能范围内的事务也可以直接上报给相关部门办理，有利于政府履职能力的提升。有些地区还将不同部门的行政执法权整合起来直接下沉到街道一级，减少了“条块分割”的科层制体制对行政执法效果的影响，通过强化基层行政执法能力更好地贯彻党和国家的方针政策。

城市社区“微治理”在政府的支持下，利用亲缘、业缘、地缘关系，在治理单元内创造性地构建出一套有效化解矛盾的模式。通过社区“微治理”模式在治理单元内确定对接人或者对接机构，政府部门在面对一些不属于政府职能范围的矛盾或者一些不方便出面干预的问题时，均可以通过扶持和协助对接人进行间接治理，进而实现国家治理和社区自治的有效对接，促进社区的稳定与团结。

第三章　城市社区“微治理”体系的建构

第一节　城市社区“微治理”体系建构的逻辑

一、城市社区“微治理”体系建构的价值逻辑

（一）制度赋权：精细化治理催生体系化新模式

精细化管理的概念最早出现于工商管理领域，是作为企业制造产品的原则和流程要求被提出的，有时也被称为“精益管理”，后来被引入公共管理领域。早期有关精细化管理的研究大多以政府为中心展开，主要涉及政府管理的精细化和政府公共服务的精细化，被认为是“一种以最大限度地减少管理所占用的资源和降低管理成本为主要目标的管理方式”①。将精细化治理与社会治理相结合，是新时代构建共建共治共享社会治理格局、创新社会治理的新要求。城市社区是社会治理的触角，城市社区“微治理”是对精细化治理要求的回应。

第一，精细化治理要求城市社区落实“以人为本”的治理理念，城市社区“微治理”的“顾客导向”是对此要求的回应。工商管理领域的精细化本质上指的是最大效率地交付合格的产品，提高顾客满意度。与此类似，城市社区治理精细化应当是将居民（顾客）的需求作为公共服务供给与公共政策制定的首要关注点，最大效率地交付公共产品，提升居民的满

① 麻宝斌，李辉. 政府社会管理精细化初探［J］. 北京行政学院学报，2009（1）：27-31.

意度。城市社区最大的“顾客”是社区居民，但受传统行政单向度社区管理环境的制约，具有行政估计不足、自治能力短缺的问题，社区居民这一顾客群体的需求并不能得到满足，社区供给的公共产品和服务也往往是被动的。尽管各地探索了多种自上而下的新模式，目的是连接国家—政府—社会—居民，进而延伸社会治理的触角，但这些模式无一不是行政他治向度。例如，网格化治理模式，虽然打破了社区的管理界限，将社区单元分解为以每百户为单位的网格，但其构筑起“两级政府、三级管理、四级网络”的治理结构，在运行上依旧无法跳脱自上而下的管控思维，延续着传统行政的无缝管控思维，无法回应顾客导向下的精细化要求（程同顺、魏莉，2017）。相比而言，将居民定位为顾客的“微治理”能够从根本上转换传统社区治理的逻辑，转变社区治理主体的角色。

第二，精细化治理要求城市社区形成多元主体的治理格局，城市社区“微治理”对居民主体地位的体系化保障是对此要求的回应。居民是社区治理的主角，是城市社区最大的治理主体。过去社区治理资源和权力的单向输入抑制了居民参与社区公共活动的积极性，居民形成了被动接受的思维模式，阻碍了社区居民对社区事务行使建议权、监督权、决策权。城市社区“微治理”体系的多元治理主体格局，有利于保障居民的治理主体地位。城市社区人口流动性高、人口结构复杂且缺少“熟人社会”的道德约束，传统的以政府为主导的治理模式应对无力。城市社区“微治理”体系中社会组织的加入让此问题得以化解。一方面，社会组织的创新思维、规范管理、标准操作，能够更系统、更专业、更精细、更多元地为社区居民提供公共服务，落实社区治理的精细化要求；另一方面，社会组织可以为居民技术赋能，规范居民有序参加社区活动，加强居民之间的彼此联结，打破陌生人隔阂，减少“哑巴”居民，减少“搭便车”等现象的出现。

第三，精细化治理要求城市社区统筹资源、平衡多方利益，城市社区“微治理”体系的要素互通是对此要求的回应。精细化治理的“精”“细”“全”要求的达成离不开技术、能力、政策、资金等要素源源不断地供给。传统行政包揽一切的社区治理模式使得资源统筹、供给都在一个层面，无法回应精细化治理统筹资源的要求。城市社区“微治理”体系构筑的多元治理格局，使治理要素得以互通。在治理权力方面，由于从单中心向多中心扩散，政府不再是社区治理资源的唯一供给者，还成为市场、社会主体供给资源的协调者。在治理结构方面，上下结合、多元对话的扁平结构搭建了纵横交错的互通体系，有利于整合资源并高效供给。在治理工具方面，互联网的发展为资源的统筹提供工具，既为居民搭建了微信工作群、腾讯会议室等讨论、交流的平台，又使各种社会情绪、社会诉求得以释放，需要社区敏锐感知，做出高效、及时、准确的回应。

总之，城市社区“微治理”体系是在我国精细化治理要求下催生的新模式，也是推进社会治理精细化的有效路径。社会精细化治理对城市社区“微治理”体系提出了要求，也是城市社区“微治理”体系建构的制度依据。

（二）内生认同：城镇化趋势下建构生活共同体

城市社区是城市区域性基本单元，但却难以如农村社区般形成生活共同体。一方面，城市社区汇聚了差异较大的居住群体，人员职业差异大、人员阶层分隔、社区成员互动少、居民归属感低，难以形成“熟人社会”互信合作的关系网络；另一方面，由于居住空间的异质性与生活工作空间的隔离性，城市社区本身不具备汇聚共同体的属性。城市社区居住单元多为商品住宅、商住两用体、单位福利房、政府福利房，城市居民居住于此并非像农村社区那样通过姓氏、宅基地分配等关系连接，而是基于工作、教育、医疗、生活、房价等原因。因而，城市社区居民间的关系网格更为松散，难以形成对社区共同体的认同感和归属感，个体在参与社区自治的过程中易出现集体行动的困境——个体“搭便车”现象。然而，在城镇化趋势下，城市社区将会是未来社区最主要的构成形式，需要建构相应的治理模式以增强社区居民的内生认同。城市社区“微治理”模式为提升城市社区居民的内生认同提供了条件，主要表现在以下几个方面：

第一，城市社区“微治理”单元的微缩切分，创造了内生认同的空间条件。治理单元越小，单元中人群的联系越密切。虽然城市社区在整体空间上不具备内生认同的条件，但是“微治理”将治理单元细分为单元、院落、楼栋，为“熟人效应”的产生创造了空间。毕竟，居民在这些细分的微缩单元具有居住上的邻近性、交往上的便利性等特征，客观上具备利益关联的条件，便于后续城市社区活动的开展与“微治理”体系的巩固。

第二，城市社区“微治理”孵化的社区自组织，创造了内生认同的交往互动条件。社区群团组织以社区居民的兴趣为导向，促进了社区居民在社团内部的交流与互动。例如，社区老年大学、歌唱团、图书馆、公益之家、少儿托管之家等实体平台的建设，既解决了社区群众实实在在的生活难题，满足了其内在需求，又为社区群众的交往互动创造了平台，增强了群众对社区的认同感与归属感。多地实践证明，社区自组织的设立让社区不同群体之间找到了内在连接点和关系网络，让社区居民的互动更加频繁。例如，社区老年人、儿童、具有共同爱好的人，都在社区平台找到了志同道合的伙伴或建立了相对稳定的社区朋友圈，改变了传统城市社区“不知对门是谁”的局面。这个过程对居民自治意识的提升和自觉参与社区治理活动也具有重要意义，在社团自组织活动的连接下，居民形成熟人小团体，平等对话的交往行为不断增加，催生了互信合作的邻里关系网络，增加了居民个体参与维护共同利益集体行动的可能性。

第三，城市社区“微治理”借助微工具搭建微平台，延展了内生认同的范围。随着移动互联网的普及，微信、QQ 等智能通信工具扩展了人们的交往空间，使社区居民交往呈现“虚实结合、虚实互构”的特征。在线上虚拟空间，社区居民通过业主微信群、小区微信公众号、社区志愿者服务平台了解社区治理信息，完成线上交流互动。在线下真实空间，社区居民通过参与社区活动进一步加深对周围邻居的认知和社区活动的监督。这种虚实结合的网络交往互动，打破了传统社区治理时间和空间上的局限性，也保证了社区治理向全体社区居民的开放性和无边界性。一方面，虚拟空间联结了线上线下的使用人群，增强了使用人群的可持续性。虽然社区网络空间是虚拟空间，但其借助的是实实在在的社区居民与社区集体活动，空间的使用人群、使用目的并非虚拟，只是社区人际互动网络化的表现。另一方面，虚拟空间能够源源不断地吸纳社区新成员的加入，增强了使用人群的覆盖范围。由于网络的特性是向全体开放，社区虚拟空间也具备向全体居民、社区服务组织、社区管理组织开放的硬件条件。例如，不同社团组织、不同院落之间能够借助虚拟空间实现共享社区场地、设备等资源的交往活动，社区党组织、社区居委会、物业人员也能借助网络工具完成工作事项协调、组织的活动。此外，虚拟空间的出现不仅扩展了人群使用范围，也让社区居民的关联更加紧密，为内生认同的形成奠定基础，如工作人员借助线上交往平台能够与社区居民发生更为频繁、密切的交往。这些都延展了社区居民内生认同的范围，成为城市社区“微治理”的新型人际互动形态。

二、城市社区“微治理”体系建构的理论逻辑

（一）集体行动的逻辑：集体规模影响集体行动

近年来，尽管我国城市社区在基层政府权力下放、治理资源下沉、培育社区自组织等方面，推行多种创新治理方式，并涌现出若干具有代表性的社区治理实践，但这些模式依旧未能从根本上解决社区居民参与活力不足、参与能力不强的问题。究其原因，这些创新治理实践尽管自上而下打通了“国家治理—政府治理—社会治理”的渠道，但将社区视为“最小治理单元”的运行模式终究无法跳脱自上而下的行政管控模式，致使自下而上的居民意愿表达、需求满足未从根本上得到疏解。换言之，我们需要在自下而上层面解决衔接不畅的问题，形成上下衔接的良性循环。虽然在实践中给予社区资源和自治权力的方式在一定程度上摆脱了传统街居制的行政束缚，但是下沉至社区层面的资源和权力由于未与居民群众形成对接，依旧存在社区治理“有形式无内容”的尴尬局面：居民参与社区治理的意愿不高、为争夺公共资源彼此内耗、外部资源不能匹配社区居民的真实需求。为从根本上解决这一问题，需要形成社区治理“自上而下”与“自下而上”的体系对接，重点在自下而上的体系上进行开发和培育，以集体行动理论为基础的城市社区“微治理”体系为此提供了解决思路。

首先，集体行动理论的“小团体”规模对应微单元的划分。奥尔森在“理性人”假设的基础上提出集体行动的逻辑，他认为集团规模是影响集体行动的重要因素。小团体由于自身规模优势，更易搭建起内部监督机制，相对大团体而言可以更为稳妥地处理好“搭便车”的问题，从而促成集体行动①。就城市社区“微治理”模式而言，“微治理”将治理范围精准细分为单元、楼栋等微型社区，好处在于成员人数少，便于摸查居民群

① 张丽新，毛丹. 城市社区微治理的价值延伸［N］. 中国社会科学报，2022-10-12（007）.

众的多元需求、居住空间临近，容易产生较为一致的利益诉求。当下，许多城市社区都达到千户万人的规模，同一社区中也包含如商品房小区、老旧小区、廉租房小区等多种形态的小区，传统以大社区为治理单元的旧模式难以达到精细化治理的程度。

其次，集体行动理论中避免“搭便车”行为的激励举措为“微治理”意愿提供思路。奥尔森认为，为避免集团中“搭便车”行为的出现，可采取两种举措。一是需要权威组织监督成员履行利于集团共同利益的行为，二是需要有相应的激励措施。简言之，成员集体行动意愿的保持需要正、负两方面的激励。城市社区“微治理”模式就是从正、负两方面提供激励。在正向激励方面，传统社区治理中居民自治是一种虚幻的“空转”，即便与社区居民关联最密切的社区换届选举活动，居民也表示“无感”。究其原因，传统社区治理并未将居民看作核心主体，并未真正了解居民需求，提供给居民表达诉求的通道，社区治理只是满足自上而下的关键绩效指标（KPI）要求。城市社区“微治理”将治理范围缩小，关怀每个社区成员的利益与需求，这种关怀使得居民与社区之间形成一种情感上的连接，居民会自发参与到社区治理的事务中。在负向激励方面，治理范围的缩小客观上营造出一种熟人社会空间，每个人都有可能关注个人行为，每个人的个人行为也都有可能被关注，进而对居民参与社区治理形成一种责任约束。

（二）整合治理资源：优化公共产品供给

公共产品供给理论认为，政府、社会、公民都为供给主体。在多元主体均能供给公共产品和资源的条件下，如何整合资源供给、优化供给方式成为提升供给效率的关键问题。在传统城市社区治理中，由于政策的宏观性，政府对社区公共产品的供给具有行政价值导向，难以满足居民个体的多元需求，并且供需不匹配还会造成资源浪费和成本激增，并不利于资源的整合。相比而言，城市社区“微治理”体系各要素的衔接配合为摸清供需、优化供给渠道提供了天然条件。一方面，“微治理”范围的触角覆盖每一户居民，能够摸清居民诉求，借助“微治理”自下而上的体系与资源供给形成对接，使得公共产品供给更加精准；另一方面，居民“微需求”的满足有利于打通社区治理的毛细血管——居民，从而能够借助居民自身的力量在“微社区”内调节利益诉求、化解利益矛盾，一定程度上降低政府的治理成本。

三、城市社区“微治理”体系建构的实践逻辑

（一）传统城市社区“碎片化”行动困境倒逼治理模式变革

社区的共同体属性决定了城市社区治理的全员性与社会性，需要形成党委领导、政府负责、部门协同、社会参与的治理格局，共同作用激发社区生机和活力。然而，传统城市社区却面临碎片化的行动困境，一方面是基层政府在社区治理中不断投入，面临“建设越多、问题越多”的困境；另一方面是其他治理主体具有治理意愿但被过度的行政干预挤压自治空间的困境。

第一，基层政府的行动困境。首先，基层政府调控能力不足。公共产品理论认为，纯公共产品的供给具有限制性，需要政府力量统一调度和提供，但是准公共产品可以吸纳基层广大社会力量的供给。对于城市社区来说，事务繁杂、公共物品需求多样，需要社会力量的介入以保证供给效率，但是由于社区治理自下而上的治理体系尚未打通，基层政府无力调控所有资源。其次，官僚体系的固有惰性一旦在基层生根发芽，基层政府就倾向于将任务层层分解，通过拉长管理链条，将权力和资源留在部门，却将落实的责任压给街道，并最终由社区兜底。最后，科层制管控思维短时间难以转变。当前各地政府广泛推广和践行网格化管理，打破行政区域条块分割的界限，将治理权力的触角延伸到社区单元、小区院落，构筑起“两级政府、三级管理、四级网络”的责任体系架构，力图实现政府治理和社区自治的全覆盖。然而，尽管这种方式改变了过去政府粗放式的社区管理方式，建立起了以网格为桥梁的政府管理和社区治理，但本质上仍无法摆脱科层制的管控思维。网格管理实质上是执行政府的政策，依旧延循自上而下的权力运行逻辑，难以挖掘和培育社区自治力量，导致社区治理无法跳脱行政他治向度。

第二，社区居委会的行动困境。居委会本是社区居民民主自治组织，是实现社区自治功能的重要载体。然而，居委会的实际定位和运行却与理论设计存在较大偏差。首先，居委会在法律制度设计中被明确为群众性自治组织，这意味着它是一个自下而上的组织，但是在具体政策运行中却被要求协助政府在设施建设、工作部署、绩效考核等方面承担责任，居委会

变成了政府自上而下行政权力的延伸，与法律制度的定位存在较大偏差。其次，居委会的创设是单位制解体后“街道—居委会”制的重要组成部分，这种设立形式使得居委会自出现就带有行政色彩，会受到政府规划的影响，也会受到行政体制内卷化的影响。以上背景导致社区居委会功能和定位存在差异，本应是社区居民自下而上的“委托—代理”角色，实际却因承担过多政府行政职能变为自上而下的“委托—下派”角色。

第三，社会组织的行动困境。改革开放以来，尽管我国的社会组织在数量和业务范围上都取得较大发展，但与西方发达国家相比，社会组织数量、结构和发育程度依旧不足，难以承接政府转移的社会职能。此外，即便承接政府转移的社会职能的社会组织，也会受到政府科层制管控理念和体系的影响，使得本应以居民需求满足和公共产品供给为主要任务的社会组织，沦为基层政府考核的下属单位，逐渐科层化。整体而言，我国社会组织缺乏自治的培育环境，在当前的城市社区治理中供给公共产品、满足居民需求、赋能社区治理的功能十分有限。

第四，社区居民的行动困境。居民是最重要的社区治理主体，城市社区自治的本质是居民的自治，居民围绕与自身生活息息相关的公共事务进行决策、监督和参与。然而，由于社区外部环境制约带来社区居民的行动困境，居民在社区治理中的主体角色始终未能显现。首先，行政权力将社区居民排除在社区治理之外。当居民处于失权状态时，往往缺乏参与社区治理的积极性与主动性，对下沉的社区政策也只能被动执行。其次，城镇化进程的加快使城市社区容纳了较多的流动人口，阶层分化明显、群体利益复杂，不具备社区居民承担治理主体角色的外部环境。加之城市过去熟人社会的单位制解体，转变为陌生人社会的街居制，社区成员互动交往减少，居民对社区的归属感降低，难以搭建协同互信的社区关系网络。最后，居住空间的分离分割了城市社区居民可能连结的纽带。城市居民多是“工作—家庭”两点一线的生活路径，彼此之间的利益连结较为松散，缺乏社区自治共同体共生性的成长环境，这进一步弱化了其自治行为。

实际上，国家治理的现代化需要社区治理的现代化，而社区治理的现代化需要打破以上四种困境。城市社区“微治理”体系的建构，改善了城市社区治理的“微环境”，提供了弥合城市社区治理碎片的“线”。

（二）地方支持助力社区治理模式创生发展

全国各地关于城市社区治理实践的积极探索和良好成效极易形成品牌效应，助力城市社区“微治理”体系的形成和推广。其实，从源头上看，“微治理”模式最早兴起于农村社区，1987年广东省连州市保安镇熊屋村在村民代表的基础上组织成立村民理事会，与村干部一同管理村务，就是“微治理”模式的雏形。城市社区“微治理”雏形可追溯至“门栋自治”和“院落自治”，分别出现于武汉市江汉区满春街小夹社区1998年和2003年的社区治理尝试中（李婷婷，2018）。后来，成都、北京、厦门、深圳等多地都开始了社区“微治理”的试点，“微治理”开始成为社会治理创新实践被不断关注和效仿。以下列举几个典型城市社区“微治理”实践案例。

一是聚焦“微事务”的北京某小区“微治理”实践。针对垃圾分类政策难落地、居民难理解的现实问题，北京某小区推出“垃圾智慧分类模式”。具体做法是，统一分发带有二维码的垃圾袋，居民若将垃圾投入对应标签的垃圾桶，就会自动获得积分，积分可用于在社区商店、社区合作商家换置商品或者购物卡。这种方式将社区居民利益与社区工作要求相挂钩，既推动了居民参与社区环境精细化治理的进程，也通过居民的实际获益提高了其参与的积极性。

二是聚焦“微单元”的武汉某社区“微治理”实践。武汉是最先开展社区“微治理”的城市，首创“院落自治”模式，将社区治理单元细分到院落和门栋。首创社区为武汉市老旧小区，在城市化过程中，过去具有统合功能的单位宿舍演变成了老旧院落，居民多为老年人，不愿意为引进现代化管理的物业公司而多支付物业费，因而小区管理问题日益凸显。无人管治、环境脏乱差、居民之间的矛盾冲突加剧等难点痛点，使得该小区的治理逐渐成为城市社区治理的“老大难”问题，这也是市场经济下单位制落寞的一个缩影。后来，小区居民成立自发组织，以楼栋为单元进行自发管理、自我服务，居民在彼此互助的基础上熟悉度增加，小区环境的整体改善也让居民更有意愿和干劲投入社区治理中来。除此之外，楼长也是居民自发选举的，相较于“半科层化”的居委会，这样的治理单元更具有民间草根性。

三是聚焦“微社团”的成都某社区“微治理”实践。在开发“微治理”模式之前，成都市某社区居民具有城市居民的典型特征，彼此互动少、参与性低、与社区工作人员的交往也很少，甚至不知晓本辖区的居委会工作人员。自开启“院落（小区）+社团”的“微治理”模式之后，借助诸如坝坝会、老年大学、放学托管等涉及社区居民共同利益的微事务，居民之间形成了“打开窗户说亮话、问题不隔天、矛盾不隔夜”的人际互动氛围，逐渐转变了过去不认识邻居、不知晓社区工作人员的生疏的人际关系。此外，居民还建立起自我管理、自我服务、协商议事等“微治理”细则，成为规范社区居民行为、连结居民与社区组织的纽带。

城市社区“微治理”发端于我国不同城市的基层“微治理”实践。在地区之间竞争压力较大、内卷化趋势明显的当下，“微治理”实践的出现不仅成为刺激基层治理的一剂良药，更是通过“鲶鱼效应”在地区之间的传播，激发了基层工作人员积极应对治理难题的热情，为城市社区“微治理”模式的生成提供了宝贵的实践经验。

第二节　城市社区“微治理”体系的构成要素

一、城市社区“微治理”体系的场域要素

场域理论（field theory）最早由皮埃尔·布迪厄提出，这一理论源自他对物理现象的研究，后被应用到社会科学领域，作为解读人类认知、情感和行为的一个关键变量。场域理论认为个体行动需要受到行动所发生场域的影响，而场域并非单指物理环境，也包括他人的行为以及与此相连的许多因素[①]。城市社区“微治理”是被置于国家治理与社会治理场域下的创新模式，“微治理”体系必然受到国家治理场域和社会治理场域的双重影响。

（一）国家治理场域

社区被嵌入国家治理体系，社区治理体系是国家治理体系的基础，社

① 赵继娣，曲如杰，王蕾，等. 城市数字化转型中的社会风险演化及防范对策研究［J］. 电子政务，2022（6）：111-124.

区承担着接应国家治理任务的责任，与国家治理高度连结。一方面，社区需要传达和落实国家治理的任务，因而社区治理需要依靠国家力量的支持，单凭自发的社会力量不可能单独完成任务；另一方面，国家需要从社区治理中搜集民意，也需要通过社区治理回应社会的内生需求。简言之，国家治理与社区治理是高度契合的关系。国家治理对社区治理的要求体现在四个方面：一是将国家政策法律、大政方针传递给社区居民；二是要求社区高效搜集民意，及时掌握社情民意，收集民众诉求信息；三是要求递送公共服务，国家向居民供给的公共产品更多是借助社区这一载体完成的，如生育登记、就业服务、基础医疗供给等；四是完成国家交付的重大任务，如面临突发自然灾害时完成居民临时转移、物资配送等工作①。

在国家治理场域的要求下，城市社区“微治理”体系需具备如下功能。第一，城市社区“微治理”需具备将社会矛盾在社区范围内化解的功能。社区治理面向广大人民群众，与人民生活息息相关，最主要的功能之一便是化解纠纷和矛盾，减少基层矛盾纠纷对国家治理资源的挤占。“小事不出社区、大事不出街道、矛盾化解在基层”的枫桥经验就是对这一功能的形象概括。第二，城市社区“微治理”需具备连接居民与国家的功能。居民群众很难直接参与到国家治理中，也很难通过身边的“微事务”与国家建立直接连结关系，社区成为国家与居民信息传递的纽带。一方面，社区在突发性公共事件发生时，与广大居民群众站在一起，维护居民利益，保障社区秩序的稳定；另一方面，居民“微事务”一般在社区办理，如生育许可、低保办理、疫苗接种等，居民与社区之间具有利益纽带。第三，城市社区“微治理”需具备承接国家重大任务落实的功能。过去三年，面对突如其来的新冠疫情，社区在时间紧、任务重的紧迫条件下，根据社区实际情况安抚居民情绪、供给公共服务，成为疫情期间与居民联系最密切的组织。在世界格局和国际秩序发生变化的当下，城市社区面临的重大任务和挑战还将会越来越多，更需要通过“微治理”体系加强同居民的血肉联系。

---

① 王德福. 社区治理现代化：功能定位、动力机制与实现路径［J］. 学习与实践，2019（7）：88-97.

（二）社会治理场域

社会治理是“以实现和维护群众权利为核心，发挥多元治理主体的作用，针对国家治理中的社会问题，完善社会福利，保障改善民生，化解社会矛盾，促进社会公平，推动社会有序和谐发展的过程”①。具体来说，社会治理的作用主要体现在两个方面，一是满足居民的公共服务需求，二是满足居民生产生活秩序稳定的需求。创新社会治理体制，其核心问题是要处理好政府、社会与居民的关系，以激发社会活力、孵化社会自我调节的功能。社区作为社会治理的基本细胞，在诸多方面可以满足社会治理的需求。

在社会治理场域的要求下，城市社区“微治理”体系需具备如下功能。第一，需要具备精准识别居民需求的功能。城市社区“微治理”以满足居民“微需求”为起点，有利于将社会治理资源精准匹配到有需求的目标人群上，防止公共服务的泛化。第二，需要具备建立社区良性秩序的功能。社区的秩序涉及居民的日常生活，是人民安居乐业的保障，关系到居民在社区中的生活品质。建构和维持社会秩序本是政府的职责，但是由于社区事务微小繁杂，政府的正式介入会导致高成本、低效率，因而需要将建立和维护社区的良性秩序的功能返还至社区，借助社区中自组织、社区居民的力量化解利益纠纷，进而营造稳定和谐有序的氛围。

二、城市社区“微治理”体系的内容要素

（一）城市社区“微治理”体系的价值要素

价值要素是治理的风向标，也是治理的指挥棒。城市社区“微治理”体系的价值要素也是城市社区“微治理”的价值，两者均指向满足人民美好生活需要、以人民群众的需求为出发点、坚持“社区是居民的”这一价值理念。过去，受行政科层制权力集中和资源分散化的影响，居民自治能力和自治意愿不足，城市社区难以与政府、社会、居民形成三维互动，影响我国社区治理现代化的进一步推进。要克服这一困境，就要从源头出发，坚持“社区是居民的”这一理念，将居民的权力和权利归位，真正实

① 姜晓萍. 国家治理现代化进程中的社会治理体制创新［J］. 中国行政管理，2014（2）：24-28.

现人民当家作主。首先，需要在体系建构过程中突出居民的主体地位，了解居民“微需求”，采取“微行动”处理“微事务”，充分尊重居民的参与权、监督权，充分激发居民参与社区治理的积极性和主动性。其次，需要改变过去行政包揽一切的固化思维。政府不再是社区治理的唯一主体，而是协调资源、提供政策支持的赋权者和“微治理”体系搭建的支持者，要实现治理权力由单中心向多中心的扩散。最后，需要对社区居民赋能，使其能够通过自身力量解决社区内存在的矛盾和纠纷。这就需要社区自组织通过凝聚共同志趣的社区居民，将原有社区治理自上而下的治理结构转向自下而上、上下结合的扁平结构，为多元治理主体提供平等对话与合作的平台。

（二）城市社区“微治理”体系的目标要素

目标要素是价值要素的具体化。在“社区是居民的”这一价值理念下，城市社区“微治理”体系的目标重在培育居民的主体性和公共理性精神。在社区治理现代化蓝图中，居民不再是社区公共服务和公共产品的消费者、公共事务的旁观者，而是公共产品的彼此供给者，以及社区公共事务的策划者和决策者。我国的基层社会自治并非如西方一样自成体系，由内向外吸纳和培育公民参与社区公共事务，而是行政权力介入下的产物。基于此，社区多元治理主体之间的合作与互嵌是推动社区治理模式创新的动力源泉。同时，多元治理主体需要国家价值观的引导，使得治理主体的目标与国家的目标趋于一致，这样不仅有利于多元主体形成共同体连结，促进居民交往，提高居民自我效能感，还有利于共同体在共同行动前较快达成共识。总之，城市社区“微治理”体系的目标可以归纳为：在社区多元治理主体的协作下，以社区项目为载体连结社区居民，使居民在社区多样性与秩序统一性的张力中达成共识，促进社区居民公共理性精神的培养和公民性格的稳定形成，实现居民主体性的重建和角色转化，最终达成社区治理目标与国家治理目标的统一。

（三）城市社区“微治理”体系的主体要素

主体要素回答了“谁来治理”的问题。在城市社区“微治理”体系中，由多元主体构成的“微共同体”是治理主体。相较于传统的治理主体和治理职能均由街道、社区居委会、社区工作站和社区工作者承担的社区治理模式，“微治理”体系拓展了主体范围，生成由传统治理主体与居民自组织、社会组织、社区居民构成的共同体。此外，“微共同体”涉及的领域更广阔，实践形式更多样，群众性特征更为明显。以居民道德评议会、社区同驻共建理事会、社企同驻共建理事会、社区企业社会责任联合会以及各类兴趣俱乐部为代表的社区社会组织、驻社区企业、个体商户等，均是“微治理”主体的形式，均能作为“微共同体”参与社区建设和治理。但这并不意味着传统治理主体将会淡出“微治理”场域，相反，传统治理主体与新兴治理主体凝结成的治理共同体，将会共同服务于社区治理现代化的达成和居民美好生活需求的满足。城市社区“微治理”主体要素包含如下几部分：

一是社区党组织。城市社区“微治理”体系的发展离不开街道党组织、社区基层党组织的领导。党组织在“微治理”体系的主体要素中承担推动者和参与者双重角色。基层党组织借助“街道—社区居委会—社区”的架构进行嵌入式覆盖，形成城市社区“微治理”的党支部、党小组，发挥党组织的引领作用，传递党的核心价值观。同时，党组织作为“微共同体”的一员，参与社区治理，带领社区党员积极参与合作共治，发挥先锋模范作用。

二是社区行政力量。在城市社区“微治理”模式下，政府行政力量不再是唯一主体，但却也是“微共同体”不可或缺的主体之一。特别是在社会转型过程中，矛盾和风险的叠加可能会影响正在兴起的社区“微治理”体系的正常运转，更需要政府提供基础资金和政策支持；还需要统筹各方资源、协调项目，疏解政府权威治理与居民自治之间的张力，以稳定社区秩序，逐渐提升“微治理”的精准化和成熟度。

三是社区精英和社区居民。作为城市社区治理的一种新型模式，“微治理”的激活和有效运转离不开社区精英的示范带动。这既包括社区党组织精英，也包括基层行政精英，同时还包括对社区治理富有热情和在“微社区”中具有一定权威的民间精英。

四是社区社会组织。社区社会组织是社区运行的必要载体，其主要作用是为社区居民和社区治理赋能。在社区治理赋能上，社会组织拥有较为专业的理念和方法，能够有效预防和解决社区问题，通过治理内容的专业化、精细化，提升社区服务质量。在社区居民赋能上，通过引导居民有序参加社区治理活动，提升社区自我服务、自我发展与自我管理的能力。

（四）城市社区“微治理”体系的客体要素

客体要素回答了“治理什么”的问题。相较于传统城市社区治理，“微治理”聚焦“微事务”，如院落环境卫生保持、垃圾清运、小区适龄儿童延时照料、宠物寄养、垃圾分类、院落凉亭修缮、车位规划等与居民切身利益息息相关的小范围公共事务。这些事务构成的客体将缺乏“熟人社会”条件的居民利益关联。利益关联成为社区居民参与社区治理的重要内驱力，利益关联的密度则决定了社区居民介入治理的事务类型和采取治理行动的程度。以“微事务”为纽带的利益连结是社区居民行动的起点，也是社区居民参与社区治理的驱动力，传统社区治理则不具备这样的利益关联密度。首先，传统社区治理所辖范围巨大，管辖人口众多，少则几千，多则几十万；居住空间类型多样，人才房、廉租房、商品房均可能存在于一个社区；社区居民利益分化明显，个体利益与社区共同利益之间的关联密度低。其次，较低的利益关联密度使社区居民具有“搭便车”心理，难以自发参与社区治理。再加上治理渠道单一，仅仅凭借行政力量建立的自上而下的街居制正式渠道进一步减弱了居民自治的主动性。“微治理”客体的“微”着眼于居民的微需求，有利于提升居民之间的利益关联密度，通过利益关联密度将多元治理“微共同体”连结，进而为居民自下而上、由内而外地开展城市社区“微治理”行动创造条件。

（五）城市社区“微治理”体系的工具要素

工具要素回答了“用什么治理”的问题。在信息技术、互联网、移动传输技术日益发达的当下，社区是信息技术运用的重大场域。据统计，我国网民数量已逼近十亿大关，互联网普及率高达 70.4%[①]。城市社区的互联网普及率更高，手机、微信、微博已成为城市社区居民的日常交流和工作工具。因而，城市社区“微治理”需要依托互联网、物联网技术，与技术工具相结合使社区“微治理”变为智慧治理。技术工具在社区治理中是

---

① 吴湘玲，刘晓．我国地方政府互联网回应能力的影响因素与发展路径：基于 32 个重点城市的模糊集定性比较分析[J].科学与管理，2023，43(2)：48-55.

一把双刃剑。一方面，城市社区居民可能以互联网为载体，将社区内部纠纷和矛盾发散到互联网，引发社会层面的矛盾，甚至是群体性事件；另一方面，技术工具为“微治理”体系的搭建提供了可能性。借助互联网、移动终端、APP 等信息化通道，社区内相关的客体要素都可以被纳入社区网络，治理主体还能够通过数据平台来发现、分析、解决、反馈社区问题。因而，城市社区“微治理”体系可以借用信息化、大数据技术工具，及时发布社区治理信息，消除“信息孤岛”，对齐居民与社区之间的信息，增强居民的信任感。近年来，技术工具已成为我国政府治理、社会治理的重要工具，各地政府都在推行的网络理政、云服务平台、微信公众号就是典型实践。然而，由于技术水平制约、社区社会组织发育程度不完善、专业技术的企业资源供给不足等限制，社区治理的技术手段还不能匹配社区“微治理”体系的要求，只能机械性、被动地完成行政指令的任务。展望未来，城市社区“微治理”体系需要借助技术工具挖掘居民“微需求”、通过系统管理、系统挖掘、系统决策，开发社区需求动态掌握、服务监测与评估、居民利益调节与调试等方面的功能，以便更高效地提升社区服务水平和服务质量。

三、城市社区“微治理”体系各要素之间的关系

场域要素与内容要素对应于城市社区“微治理”体系的外部环境与内部构造，两者统一于城市社区“微治理”系统的良性运转。场域要素、内容要素、“微治理”体系之间呈现如下关系：

（一）场域要素建构了城市社区“微治理”体系的场景要求

首先，要正确把握和处理好政府与社区的关系。中国特色社会主义进入新时代，党和政府不断探索社会治理创新模式，社区作为社会治理与人民群众联系最为紧密的端口，国家对社区治理的要求随着对社会治理要求的变化而变化。城市社区“微治理”模式就是新时代社会治理与国情社情结合生成的创新模式，是进一步理顺政府与社区关系的重要一环。其次，要正确认识和把握顶层设计与社区探索的关系。以枫桥模式为代表的社区治理创新模式，是当地社区对国家全面深化社会改革的顶层设计深刻理解后探索出的治理经验。最后，要正确认识和把握社区治理创新与社区自治

能力之间的关系。事物从无序走向有序或者从低级到高级的发展，一般有两种形式，一种是自组织内部通过不断裂变逐渐向高级发展，另一种是外力推动下被动地从无序走向有序。不论是场域环境的要求，还是系统内部的良性循环要求，城市社区“微治理”体系均属于第一种，终极目标是走向自组织的完善，实现城市社区的自治。

（二）内容要素满足了城市社区治理的“微需求”

与国家治理不同的是，基层治理属于“微治理”，即针对“小事”的治理，其涉及的多是与群众利益密切相关的事务。传统社区治理方式能够在短期内集聚官僚体系内部的所有人力和物力资源，但由于没有充分动员群众，基层运动型治理中的一些“中心工作”可能与基层社会民众的实际需求背离（李永萍，2016）。“微需求”是城市社区“微治理”的起点，“微需求”贯穿了“微治理”体系所有要素，诸如价值导向、目标标准、主体构成、客体范围、工具平台。“微需求”的满足过程既是子系统相互衔接、相互配合的过程，也是社区居民与社区、社会、国家之间交换情感、增强认同与信任的过程。

第三节　城市社区“微治理”体系的运行

一、城市社区“微治理”体系的运行机制

机制原是工程术语，用以表示机器的构造、结构以及彼此之间的关系。后来，这一术语被引用到人文社科领域，与系统理论相结合，指的是治理系统的内在关联。城市社区“微治理”体系的运行机制是指，“微治理”体系中各种要素彼此关联、互动、衔接的内在机理，以保证系统能够在机制的带动下完成自运转。城市社区“微治理”体系的运行机制包括目标机制、驱动机制、合作机制、优化机制。

（一）城市社区“微治理”体系的目标机制

目标机制以城市社区“微治理”体系的目标达成为核心。面对“培育城市社区居民的主体性和公共理性精神”的目标，需要匹配以下机制。

第一，在居民角色方面，强化居民在城市社区“微治理”中的主人翁

意识。城市社区“微治理”将社区治理的权力归还给居民，使居民充分享有决策权、监督权、参与权，这在一定程度上激发了多元治理主体的积极性和主人翁意识。然而，维持主人翁意识的长久性还需要体系结构的保障。一方面，维持主人翁意识的长久性需要建构自下而上的实体结构，提高居民彼此的交往频次。如通过社区、院落、楼栋开展邻里活动，加强外在关联，提高社区居民对社区的认同度。另一方面，维持主人翁意识的长久性需要建构自下而上的虚拟结构，即搭建本社区的线上交流工具，用于社区信息与活动的发布。信息的及时发布能够使居民感知自身的角色，获得“被尊重”的满足感，进而转化为参与“微治理”的责任感与使命感。

第二，在居民社会心理方面，促成社区居民达成“微共识”。共识形成的过程实质上是社区治理规则相互碰撞、协商与发展的过程，共识有助于“微共同体”敞开心扉、消除隔阂、充分沟通、产生共鸣，规避信息不对称带来的阻碍社区“微治理”的相互猜疑心理。在城市社区“微治理”过程中，居民既是集体行动的参与者，也是共同利益的受益者，同时还是维护共同利益的责任人。在城市社区“微治理”框架下，由于治理范围的缩小，居民个体生活关系变得亲近，居民个体对公共服务的需求和利益表达变得趋同，因而更容易达成共识。城市社区“微共识”的达成营造了良好的社会人际氛围和清晰的关系网络，为开展“微治理”活动奠定了良好的居民心理基础。关系网络的建立有利于在“熟人社会”的传递和引导下，弱化并清除居民对“微治理”的认知盲区，进而提高居民个体对“微治理”体系的支持度。

（二）城市社区“微治理”体系的驱动机制

驱动机制是促进城市社区“微治理”体系有序平稳运行的动力机制。城市社区“微治理”以居民美好生活需要的满足为蓝图，因此需要建立健全一套多元主体共同参与的行为驱动机制与组织激励约束机制。

1. 行为驱动机制：“微责任”引领

行为驱动机制有助于将社区居民参与社区治理的外在行动转化为内在行为习惯，即形成“微责任”。从行动转化逻辑角度，尊重社区居民对公共产品需求侧的多样化，并精准匹配至公共产品供给端，有利于提升多元治理主体参与社区治理的积极性。一般而言，行为驱动机制的方向是自上而下的，即在政府的引导下，社区通过“微行动”唤起居民的认同感；在居民与居民、居民与社区逐渐形成连接后，居民会自发反哺社区“微治理”，贡献自己的力量。如在现代化小区，社区可先与物业协同，通过一条问候短信、一次节假日活动、一次小公益行动，让不具备“熟人社会”条件的城市社区平添几分暖意，进而为“微治理”工作的展开奠定群众基础。此外，由于社区居民素质不一、参与热情不一，行为驱动机制需要社区精英发挥先锋模范作用。基层党组织、党小组等社区精英的带动有利于激发其他社区居民的“微行动”。同时，行为驱动机制需要城市社区“微治理”的柔性化，各参与主体均需持非正式、包容、自由、开放、灵活的态度，不追求社区治理方案的完整性和技术性，更强调居民对社区日常生活的关注，以及每个参与者对自己行为的责任。

2. 组织驱动机制：“微结构”创建

“微治理”结构是相对于当前社区治理中的一般结构而言的，主要指在街居制、社区制框架下创生的新型组织结构，目的在于从组织角度为城市社区“微治理”注入新的活力。当前，城市社区“微结构”创建的重点在于打通社区居委会与社区、社区居民之间的沟通桥梁，基本方向是推进行政管控和社区自治职能的分离，在组织结构上实现虚实结合的镶嵌。在实的方面，建立独立于社区居委会的行政承接器，承接政府转移至居委会的行政职能；同时，建立社区居民的自治生发器，挖掘居民需求。在虚的方面，通过信息技术平台搭建起两者衔接的虚拟组织结构，实现行政职能的有效承接和城市社区的有效自治。目前，可搭建两种“微组织”结构，第一种是政府通过向社会购买服务的形式，建立起连接政府、社会、社区、居民的衔接单元，目的在于分散传统行政转接给居委会的社会治理职能。第二种是培育“微组织”“微社团”，使之成为城市社区“微治理”的结构单元和行动单元。由于“微组织”“微社团”建立在居民个体需求满足与社区自治的基础上，因而能够凝聚社会自治力量。例如，社区文艺俱乐部、广场舞协会、兴趣小组等是基于满足居民个人需求而建立起来的组织，具有内在凝聚力，能够融合个体利益与集体利益，成为城市社区“微治理”的调节器。

（三）城市社区“微治理”体系的合作机制

合作机制是促进城市社区“微治理”多元主体采取“微行动”的协同

机制，主要包括“微平台”承载机制与“微项目”运作机制。

1. “微平台”承载机制

“微平台”是城市社区“微治理”体系的治理阵地，是凝聚多元治理主体合力、整合“微治理”资源的载体。“微平台”承载机制主要包括两个方面：一是资源整合共享平台机制。由于社区治理的议题是向广大社区居民供给公共产品和服务，必然涉及各类资源的投入、应用与及时补充，资源共享平台为资源承载及管理提供条件。一方面，资源整合平台可以精准调配资源，满足社会治理精细化、精准化的要求，提高资源的利用效率；另一方面，资源整合平台可以评估资源使用情况，以便及时补充，保证“微治理”工作稳定有序推进。二是信息传递交流平台机制。数字时代城市社区“微治理”需要借助信息化的渠道，实现社区治理信息的及时共享与传递。该平台机制可依托政府数据信息中心，创建社区信息微信公众号、微博号，设置社区实体电子屏等，在及时传递信息的同时，提高“微治理”的透明度，进而提升居民的认同感与支持度。

2. “微项目”运作机制

城市社区“微治理”体系的特色之一是多元治理主体互动协作，这意味着需要项目机制在多中心间进行协调。“微项目”运作机制是指以项目为载体和手段连接多中心主体，通过项目调配治理资源的运作方式。“微项目”运作机制将是未来社区治理的趋势。其一，“微项目”由于项目对象的“微”，对项目承接方和实施者的资金、技术的要求相对较低；其二，“微项目”的监管成本低，由于实施范围为社区，且社区范围被划分为“微单元”，在每一个“微项目”带来的社区行动中，社区群众都能成为项目执行的监督者。

“微项目”运作的过程可能包含如下几个步骤：第一步是“微心愿”的收集。由于发端于城市社区“微治理”，“微项目”的核心功能在于为社区居民提供公共产品和服务，因而项目的出发点是居民“微心愿”的满足。“微心愿”是“微治理”的基础，体现居民对日常美好生活的关切与期待，如与社区商家联合开展为居民免费理发服务、与物业联合提供家政维修服务等。“微心愿”的收集形式多样，可以采取“微单元”楼长走访收集形式，也可以采取线上收集形式，还可以借助茶楼、活动广场等现实场所，通过聊天、公告栏、电子屏的形式收集。第二步是“微项目”启动。“微项目”启动既要符合国家对社区治理的要求，在国家大政方针范围内进行；又要立足“微社区”实际情况，千篇一律的“微项目”势必不能达到“微治理”的预期目标，更不能满足社区居民的期望。第三步是“微项目”的实施。项目实施要遵循便民、自发原则，其中便民原则是最重要的原则。“微项目”源自“微心愿”，“微心愿”是连接社区与居民之间的纽带，因而“微项目”与“微治理”是一种共生共荣的关系，在项目启动、项目实施、项目推进、项目终结流程中，都要以居民群众的满意度和参与感为首要原则。

（四）城市社区“微治理”体系的优化机制

优化机制侧重于城市社区“微治理”体系中各个子系统的衔接，是整个体系可持续运转的重要保障，主要包括资金筹集与管理机制、激励约束机制。

1. 资金筹集与管理机制

经费是“微项目”启动的基础，也是城市社区“微治理”体系得以运转的物质保障。“微治理”经费主要有三个来源，第一个是街道支持的行政经费，第二个是与“微社区”有合作的企业、个体工商户赞助的经费，第三个是社区居民自筹的经费。筹资和经费管理的专业化、透明度将影响居民参与社区治理的热情，因而“微治理”体系离不开资金筹集与管理机制的保障。在筹集机制方面，需要打通多元化的筹资募资渠道。除了推动政府经费下沉与精准匹配社区治理需求外，还应当拓展募资渠道，如动员辖区内的企业、个体工商户、居民筹集资金，再如采用以物置物的形式，出租社区内的闲散固定资产，盘活社区内部资源。资金筹集渠道的多元化使城市社区“微治理”模式在一定程度上可以摆脱刚性财政资金的束缚，获得发展的“经济自由”。在经费管理机制方面，需要实施专业化的资金监管机制，并使监管透明化、公开化，防止社区内部滋生腐败。其中，资金监管可以借助专业的人才或机构进行。资金监管主体应由街道、社区居委会、筹资机构代表、居民代表共同组成。资金监管程序需要公开透明，更需要制定经费监管制度和预算决算制度为监管提供制度支持。

2. 激励约束机制

任何主体做出的参与社区治理的行动都有其自身的诉求考量，此时需要激励约束机制的出场，对正负行为给予利益层面的回馈。一是设置精神激励机制，对给予城市社区“微治理”行动支持与帮助的居民和其他共同体，如献智献策、捐款捐物、出工出力的治理主体，不定期授予优秀义工、温暖公民、优秀基层党小组等荣誉称号，并在社区内部公布，以此树立标杆和榜样，强化居民的“微参与”意识。二是设置物质激励机制，对于积极参与社区“微治理”行动的居民可以奖励小区商家免费服务、现金等，激发多元主体共治和自治的热情与动力。三是设置负激励机制，对于破坏城市社区“微治理”秩序的行为，应予以惩罚。需要说明的是，“微治理”体系在建立之初，由于是新生事务，应以正向激励为主，以加强居民之间的内在连接、增强居民对社区的归属感和认同感为主要目标。

二、城市社区“微治理”体系的运行保障

（一）城市社区“微治理”体系的制度保障

城市社区“微治理”创生于创新社会治理制度的催化，受国家治理、社会治理场域的支持，又需要在保持自我特色和活力的同时有效存续。因此，需要设计相应制度保障“微治理”体系的运行，避免造成新的“行政吸纳社会”现象，又需要有效激发社会活力。制度保障包含如下两种：

其一，城市社区“微治理”活力保障的制度。首先，完善社区居务监督委员会的管理制度。居务监督委员会发源于各地“微治理”的组织创新实践，后被多地效仿，逐渐取得官方层面的认可。中共中央、国务院印发的《关于加强和完善城乡社区治理的意见》指出，“建立健全居务监督委员会，推进居务公开和民主管理。充分发挥自治章程、村规民约、居民公约在城乡社区治理中的积极作用，弘扬公序良俗，促进法治、德治、自治有机融合”①。这些文件为居务监督委员会提供官方背书，确定了其作为“微治理”主体的合法身份。其次，完善社会组织、居民自组织、企业组

① 中国共产党中央委员会，中华人民共和国国务院. 关于加强和完善城乡社区治理的意见[EB/OL].(2017－06－12)[2023－03－20]. http://www.gov.cn/zhengce/2017－06/12/content_5201910.htm.

织等各类组织参与城市社区“微治理”的制度，将条条、块块、条块的传统单向治理方式转变为纵横交叉的网格式、扁平化的社区治理方式，强化城市社区自治功能。再次，完善居民自治制度。修订居民委员会组织制度，健全民主管理和公开办事制度，倡导居民自我管理、自我服务、自我监督，并在“微治理”过程中努力提高其能力和水平。最后，完善各类治理主体的参与制度、监督制度，将各类组织纳入规范化、法治化轨道。培育一支社区工作者队伍，以“微项目”为抓手，逐步实现社区工作的专业化和社会化。

其二，城市社区“微治理”绩效评估制度。绩效评估制度是高质量发展要求下的制度路径，也是确保城市社区“微治理”体系良性运转的关键。城市社区“微治理”绩效评估指的是对“微治理”活动的运行流程、运行规则、运行效果等方面进行测定，判断其运行是否符合“社区是居民的”这一价值导向，发现“微治理”中存在的问题并及时纠偏，为进一步改进“微治理”活动提供依据。绩效考核制度包括考核价值目标设计、考核指标设计、考核工作流程三个方面，这三方面层层递进，环环相扣。一方面，各个采用“微治理”模式的社区应当立足本区定位，有自己的特色。考核目标设计要使被考核者“跳一跳能够得着”，因为考核不是最终目的，而是达成目标的手段。指标设置的不合理会引起被考核者的抵触情绪，甚至会让考核成为工作的阻碍。另一方面，需防止考核指标彼此“打架”。考核导向需要明确效率优先还是质量优先，解决眼前问题还是长远问题，仅仅考核结果还是需融入过程考核等。

（二）城市社区“微治理”体系的技术保障

城市社区“微治理”以满足居民的“微需求”为起点，需要畅通居民的利益表达渠道，但是由于信息的不对称性，居民在信息获取和利益表达方面都处于弱势地位，需要通过智能化、数字化的技术手段打通利益表达渠道，助推主体间的协同合作。首先，构建智能化的“微事务”系统，识别分类居民的多元利益诉求。“微治理”相较于传统社区治理模式，具有明显的非正式性和个性化的特点，需要首先在沟通平台识别不同群体的差异化利益诉求，并于“微事务”平台统一分发处理。对于诉求挖掘，微信群、QQ 群、“微治理”公众号、视频号等数字空间都是群众利益表达的渠道，应当在“微治理”中推广普及。对于硬件设施而言，可于小区安装智能化监控系统如摄像监控设备、人脸识别门禁、红外线系统等传感器作为终端传感器与社区相连，及时发现社区的潜在风险和居民群众的潜在利益诉求，提升居民的认同感和安全感。其次，建立多样化的关联系统。作为自下而上的治理模式，涉及多元治理主体，需要注重行政主体与非行政组织、居民之间的互动。为此，可通过统一的智能化平台系统，将不同工作站、一门式服务中心、智能化线上APP综合服务系统等相互关联，尽可能做到社区事务全方位的云平台监控。最后，完善“微共同体”互动的技术保障。技术的接入是为“微共同体”互动和参与治理过程提供便利的，因而要注意技术运用的广泛性。对使用软件工具有障碍的居民用户，应当在软件设计时注重多模式的界面设计；同时配合入户到家服务、志愿者定期线下指导等更加人性化的沟通服务，实现信息传达的个性化。

（三）城市社区“微治理”体系的责任保障

城市社区“微共同体”的利益关联是居民行动的起点，也是行动的保障。不同的利益需要整合调适，重塑与培育居民的公共理性与公共精神、增强多元主体的各方责任有利于提升利益紧密度。一方面，需明确不同治理主体的责任界限。严格践行“党委领导，政府负责，部门协同，公众参与”的共建共治共享的社会治理原则。就政府部门来说，基层部门、街道要转变定位认知，改变以往支配和管控“命令式”的思维，变为监督辅助、引导赋能的“互动式”的治理模式，从制度层面给予“微治理”模式资源支持，从规则层面匡正“微治理”的规范化与合理化，并给予城市社区“微治理”单元充分发展的自由（王倩、危怀安，2020）。就过去半行政化的居委会来说，需要加强监督与协调责任。就城市社区营利性组织来说，需要强化公益责任，平衡好利益与公益的价值定位，促进企业利益与社区利益的均衡发展。就社区居民来说，需要遵守社区公约，积极参与社区“微治理”活动，不做不利于“微治理”的事情，自觉增强个人公共伦理修养。就社区自治组织来说，需要强化黏合责任，黏合居民群体与社区的情感。另一方面，“微共同体”也需要转变责任观念，由权责一致向主体自觉转变，即在城市社区“微治理”中，不过分强调个人利益的得失，而是培养内生性的公共精神，使个人主动参与、主动践行、主动融入，以社区共同利益为出发点。

（四）城市社区“微治理”体系的质量保障

建构城市社区“微治理”体系的目的在于提供一种整体性的思路框架，使得该治理模式与国家治理、社会治理在整体上形成有效衔接，打通“国家—社会—居民”的利益连结和协同关系。实际上，城市社区“微治理”模式并非千篇一律，各地也并非一刀切地推广同样的模式。我们需要在城市社区“微治理”体系的框架下，保护“微治理”的多种样态，立足地区实际、街道实际、社区实际，促进“微治理”体系在当地的高质量运转。城市社区“微治理”模式应当在实践中不断创新，切忌生搬硬套复制他地典型模式。每个社区都应在学习其他“样板”地区经验的基础上，结合本社区在城市中的定位，居民数量、年龄结构、家庭结构、利益诉求、文化底蕴，硬件设施等现有客观条件，倾听群众呼声，因地制宜地采取适宜本社区的“微治理”模式。这样才能为“微治理”体系的可持续运转提供空间沃土，为“微治理”模式的有效性提供坚实保障。

第四章　城市社区“微治理”体系存在的问题与建构困境

第一节　城市社区“微治理”体系中存在的问题与不足

一、城市社区“微治理”体系多元主体互动不畅

从行动主义视角来看，治理主体是国家治理体系中的核心要素。行动主体之间基于自身资源和一定规则相互依存、自主运作。城市社区“微治理”体系就是由行动主体以及主体间关系与互动所形成的“微治理”网络，分为横向与纵向维度的互动过程。横向维度表现为来自政府、市场、社会领域的“微治理”主体之间的关系与互动，而纵向维度表现为不同层级的“微治理”主体之间的关系与互动。当前，我国城市社区“微治理”体系中横向与纵向维度的多元主体互动在身份定位、合作对话、参与动力上仍有不足。

（一）主体关系定位不清

党的十九届四中全会指出，要完善党委领导、政府负责、民主协商、社会协同、公众参与、法治保障、科技支撑的社会治理体系①。在城市社区“微治理”体系中，基层党组织、政府职能部门、街道办、社区服务中心、辖区企事业单位、物业公司、业主委员会、居委会、社会组织、居民

① 新华社．中国共产党第十九届中央委员会第四次全体会议公报[EB/OL].(2019-10-31)[2023-03-21].http://www.xinhuanet.com/politics/2019-10/31/c_1125178024. htm.

等是重要的主体。满足居民多样化、个性化的社会需求，应对日益复杂的城市社区社会矛盾，需要整合各方主体形成治理合力，增强“微治理”的凝聚力与向心力。基于合作治理理论视角，政府、市场、社会是社区“微治理”的主要参与力量，它们共同提供公共服务、协商公共事务、营造社会资本与促进社会参与。然而，现实中政府、市场、社会三大“微治理”主体之间的互动过程复杂微妙，往往难以把握主体之间的定位，难以划清主体之间的责任，致使“微事务”“微主体”“微流程”的对接与管控困难。

第一，政府在社区“微治理”中出现“悬浮化”现象。政府在社区“微治理”中发挥主导作用，主要通过包括政策制定、行政指令、绩效考核等在内的行政方式介入。由于基层政府及其职能部门所提供的资源与服务支持是有限且稀缺的，而城市社区“微治理”体系中居民需求、运作过程、利益主体分别具有异质性、复杂性、多元性特征，因而造成政府权力、政策、资源的“悬浮”局面。一方面，政府延续自上而下的“行政吸纳社会”治理逻辑，利用政治权威配置资源、供给服务，把一些工作任务分配至社区一线，导致社区出现“微治理”成本高、结构单一、方式粗放等问题；另一方面，部分上级政府对社区居民切身利益、权利、需求的漠视，导致社区工作者存在履职边界不清、权责不明；他们疲于应付上级各类、各项考核评价，服务居民时不够热情、不够主动，削弱了社区的自治与服务功能。

第二，社会主体具有较强的行政依附性。通过在原本分散的多方行动者中间建立紧密伙伴关系，形成正式或非正式的社群，基于共同规则在宣传、引导、互动、博弈过程中形成稳定秩序，社会主体能够在提供公共服务、培育社会资本、拓展社会活动、加强社会动员、表达利益诉求等方面发挥独特价值。在社区“微治理”开展过程中，社会组织具有公益性、专业性、流动性的特点，能够填补社区“微治理”中政府和市场主体不易触及的空缺领域，更好地满足居民多样化需求，有针对性地提供精准化服务。然而，一些社会组织以政府购买服务方式运作，经费来自政府财政拨款，在组织化、制度化、规模化建设方面存在较大差异。部分社会组织在运行过程中较为依赖街道、社区的行政资源，存在组织设置简单、组织运行不规范、人员管理松散等问题，自身可持续发展能力不强。

第三，市场主体的参与成果缺乏长效机制巩固。市场主体的相对优势在于以新颖的经营理念与管理方式，提供更加专业化、高水平的服务，更好地满足居民需求的多样性。政府通过政府采购、项目补贴、定向资助、贷款贴息、公私合营等方式，鼓励促进各类企业参与社区“微服务”供给与运营。通过引入市场竞争机制，为城市社区“微治理”体系建设筛选出高效、优质、适宜的市场主体，在多方行动者的竞争与合作下，推动和激励社区“微治理”主体的良性成长，进而培育安全感、凝聚力、归属感等社区共同体要素。然而，社区“微服务”具有负外部性，市场主体追求的目标是利润和效用的最大化。社区“微治理”中有关市场主体的准入条件、成立运营等监管体系还不够完善，易引发新的治理风险，制约城市社区“微治理”体系运行效能的提升。此外，市场主体的退出具有不确定性，原有的市场主体退出后需要一定时间寻找新的市场主体填补空缺，难以建立市场主体参与的长效机制。

（二）主体身份非正式化

城市社区“微治理”体系建设是社区治理体系与社区居民自治逐步完善的结果。一方面，城市社区“微治理”体系将社区整体层面的治理任务、治理措施、治理事项进行划细化小，瞄准“微需求”，确定“微目标”，注重“微细节”，夯实社区治理根基；另一方面，城市社区“微治理”体系鼓励、引导多元主体有序参与，对提升居民政治素养、培育和谐邻里关系、激发社区治理活力起到了举足轻重的作用。

社区“微治理”主体的合法性赋权通常采取政治性赋权、行政性赋权、社会性赋权等方式，呈现上下互通的散射型赋权样态。然而，相当一部分社区“微治理”主体是由个体自发形成的非正式组织，缺乏来自政治性与行政性力量赋予的权威性、正式性、公共性权力。正是由于非正式化的身份地位，该类社区“微治理”主体能够开展内容丰富多样、贴近居民生活的“微治理”活动。同时这也意味着，由于缺乏一定的合法性赋权，这类社区“微治理”主体在工作开展过程中缺乏社会认可，遇到难题和困境时容易自我怀疑、自我否定，削弱政治责任感和历史使命感，具有价值认知上的局限性与参与行为的短暂性。此外，非正式化的社区“微治理”

主体缺乏相应的规则设置和有效约束，其行为选择的灵活性、随意性、自由性的倾向会被放大，主体间发生行为冲突的潜在可能性也会加大。

同时，城市社区“微治理”体系中，另一部分具有正式身份地位的“微治理”主体的权威性将会得到强化并进一步获得公众认可，使主体关系结构呈现较为明显的圈层特征。相较于正式性社区“微治理”主体，由于没有接受来自上级的行政性职能传递，非正式化的社区“微治理”主体的专业服务能力整体不强，部分未接受过岗前工作培训，难以获得社区居民的普遍认同。而街道办、居委会对“微治理”主体的身份确权行为并未彻底扭转非正式化社区“微治理”主体的角色地位，使其在城市社区“微治理”体系中自我感知较弱，缺乏强烈的主动服务意识，难以实现多元自主的社区“微治理”主体良性互动。

（三）居民参与动力不足

城市社区“微治理”体系中最为主要、最为广泛的参与主体即社区居民。城市社区“微治理”体系的一大特征就是治理主体与治理事务的高度一体化，居民既是治理者，又是被治理者，在城市社区“微治理”体系运行中发挥双重作用。一方面，居民享受着社区“微治理”开展所带来的各种资源、服务和福利；另一方面，为解决切身需求，居民必须充分表达意见并协商达成一致，自发参与社区服务的供给。可以说，城市社区“微治理”过程就是居民参与其中、群策群力解决生活问题的过程。

当前，城市社区“微治理”体系建设面临的突出问题是居民的参与动力不足。居民主动参与的内容与形式十分有限，多为利己性、兴趣性参与，公共性、权利性参与较少，参与内容以自娱自乐的文体活动为主，大多数能够参与的议题均围绕社区公共空间、公共场所、公共设施的改造展开。问题产生的根源可以从外部环境与居民个体两个方面剖析。从外部环境上看，由于行政化末端执行主体的社会动员能力不强，居民参与动力不足。对社区精英的组织动员效果比较明显，而对普通居民的参与动员则面临困境，“微治理”资源与普通居民的对接难度大，难以形成持续稳定的动员机制，以至于无法充分实现对社区“微治理”主体的高度组织。部分具有一定能力、资源的社区居民，如机关企事业单位人员、私营企业主等，参与社区“微治理”的意识较强。而其他居民群体参加或组织“微治理”事务的积极性、参与感相对不强，更加关注涉及切身利益的物业、治安等领域问题。

从居民个体层面来看，分别有参与个体行为不确定、态度能力受制约、群体结构不全面等原因。一是居民对参与社区“微治理”后果不确定性的担忧。由于居民对社区“微治理”尚未积累丰富的参与经验，在参与成败、参与成果、参与公平方面缺乏较为充分的把握，从而在心理上仍然存在一定的顾虑、矛盾和冲突。参与社区“微治理”事务的决策，涉及既有利益的再次分配，往往需要居民对一些设计不合理、配置不规范、居民不满意的问题提出个人意见建议。居民担心对其他群体或个体利益造成损害，破坏邻里之间的和睦氛围，仅在自身权益受到损害时，采取抵制性、被动性的方式参与社区“微治理”。二是居民参与行为的触发受意识能力、思想态度等因素影响。一方面，社区行政化的治理传统影响居民参与“微治理”的思维方式与行为方式。居民基于惯性思维，将社区“微治理”开展视为社区治理工作的延续，将“微事务”视为社区的本职工作，认为“微治理”活动与自己关系不大，存在社区“唱戏”、居民“看戏”的现象。另一方面，居民中间仍广泛存在消极、保守态度，参与意识淡薄。在社区认同尚未完全建构的情况下，居民之间的社会关系在一定程度上仍较为疏离。居民不关心也不了解参与社区“微治理”的必要性与可行性，对参与渠道、参与权益、参与事务没有全面、成熟的认识，参与社区“微治理”的深度不够、积极性有待提升。三是社区“微治理”参与群体年龄结构单一，以长期居住在本地的老年群体为主。老年群体虽然时间自由且社会经验丰富，在“微事务”的沟通与协调方面具有自身独特优势，但是在城市社区“微治理”体系的规范性、专业化建设上存在一定局限。中青年群体的空闲时间不多，对社区情况不够熟悉，甚至邻里之间的关系还较为陌生，缺乏一定的社区归属感与集体认同感，对“微单元”“微事务”的日常参与形成阻碍。

（四）主体之间行为冲突

在城市社区“微治理”体系中，多元主体常态化共存。来自政府、市场、社会的各方治理主体在“微治理”场域中直接地或间接地发挥自身功能，通过多方联动方式共同参与社区“微治理”事务。在“微治理”开展过程中，由于目标动机、利益诉求、行为逻辑存在差异，以及主体自身所拥有的资源有限，“微治理”主体的协同合作将不可避免地产生矛盾冲突，从而造成治理失灵、资源弥散、公共利益损失、集体行动困境等不良影响。主体行为出现矛盾冲突的主要原因在于城市社区“微治理”体系中有关主体之间的责任、价值、规则、权利、功能等边界规定较模糊，以及主体的协商合作能力不能满足现实需要，从而导致合作衔接不当，引发小团体之间的利益矛盾。

一方面，“微治理”主体之间行为边界的规定模糊。城市社区“微治理”体系畅通运行要求主体关系不断进行互适、磨合，从而实现良性互动。而城市社区“微治理”开展在这方面缺乏常态化运行的调和机制，致使“微治理”主体在实现各自目标的过程中矛盾不断积累，主体需求无法及时得到调解，最终导致矛盾冲突的爆发和升级。而“微治理”资源的短缺加剧了治理主体之间矛盾冲突调解的困难程度，使实现主体利益协同的难度更大。“微治理”主体由于权力结构不均衡，难以通过协商对话厘清主体之间的职责边界，认可各自所具有的功能地位，对治理行为很难形成深层次的理解与信任。在没有明确规定的情形下，“微治理”开展中的主体行为具有较大的随机性、自由性，主体互动可能出现“谁都不服谁”的拮抗现象，从而对城市社区“微治理”体系运行稳定性造成负面影响。

另一方面，“微治理”主体自身的矛盾调解、协商合作能力的不足。由于当前社区建设对集体合作与公共精神的培育尚存不足，而城市社区“陌生人社会”特征深刻影响着居民的社会交往行为，“微单元”成员在参与“微事务”时普遍抱有功利态度，缺乏对社区公共利益的责任感。“微单元”成员对合作共治理念的认知深度存在差距，在发生利益纠纷时，一部分成员并非秉持协商共识、地位平等、信息共享等合作理念，而是采取不信任态度，制造更加尖锐的矛盾，执意谋求自身利益，进一步造成关系恶化。其行为动机将促使其行为更加利己，甚至产生排他性，过度占有公共资源，导致社区整体资源进一步匮乏。由于成员自身的矛盾应对能力不足，利益调解难以达成共识，居民普遍的个人理性并不能统一成为公共理性，“微治理”主体无法形成一个有力整体，从而导致主体间矛盾进一步加剧。一些能力有限、参与不深的居民担心自己会将处于不利位置，对城市社区“微治理”体系产生抵触情绪，对“微事务”不配合。

（五）主体协商对话缺位

“微协商”是城市社区“微治理”体系的精髓所在。通过小微事务的协商活动，“微协商”平台成为联结各方主体的桥梁与纽带，培育居民的参与表达能力和协商共识能力。围绕居民反映最直接、最强烈、最现实的重点难点问题开展共同议事协商，关乎社区居民切身利益的困难问题与矛盾纠纷，由社区“微治理”主体共同决策、全程参与，理性有度地商讨交流，有效推进社区“微治理”共建共治共享。各地大多通过划分“微单元”、成立“微平台”、制定“微方案”，规范议题征集、完善议事流程、强化履职担当，更好地开展“微协商”活动。一是组建协商指导队伍，开展动员鼓励、政策宣讲、信息收集、矛盾调解、意见收集等工作；二是制定政策机制，明确成员职责、招募奖励、考核标准等内容，制定协商标准、行为守则；三是搭建协商平台，与援法议事载体有机融合，将协商活动搬到居民家门口，提供专业服务与法律援助，解决社区居民生活面临的棘手难题。

然而，还应看到，目前城市社区“微治理”体系中的协商开展总体上仍具有系统性不足的问题，还不能做到“一张网”全覆盖。在“微单元”的问题解决、服务质量、诉求容纳上，自身能力有限，难以取得实质性成果，面临“参与有余、民主不足”的困境。“微协商”与社区整体层面的协商体系在对接上仍有裂隙，政协组织及委员下沉融合不到位，致使“微协商”在居民中的影响力与知晓度不大。

一是城市社区“微治理”体系中主体协商在平台机制、议题研判、成果落实等方面的制度建设仍不够完善。在平台机制上，“微协商”平台与专题协商、重点协商、对口协商、界别协商之间存在断层，平台之间的联动配合效率不高，频频出现工作断层、联络空缺的现象。在议题研判上，“微协商”会出现政府部门“出题”、社区居民“审题”的反面问题，议题选择的切口过大、针对性不强、征集面不广泛，实地调研中仍存在被动参与、有限参与的现象，民主参与的深度与广度相对不充分。在成果落实上，“微协商”结果的公示形式单一，渠道不够公开透明，落实不力、落地变样现象仍然普遍存在，未能从实际上真正解决问题，使“微协商”流于形式。

二是“微治理”主体的协商规则制定与运行不够规范。一方面，在规则制定中，对于主体之间的交往合作尚未形成清晰、细化及标准化的操作规则。对议事活动的背景、内容、步骤等规定不够周全、不切合实际，议事活动不能够做到科学、有效、有序，包括议题产生、主体确定、议前调研、成果执行等协商活动前后环节在内的具体流程尚未出台详细说明，容易导致“微协商”的开展陷入行政化困境。另一方面，由于缺乏事项范围、工作流程方面的详细规定，“微协商”在开展过程中难以遵循一致的原则与基本程序，整体上随意性较大而又缺少必要的规制措施，活动中往往出现意见观点表达的非理性化，围绕某一细节问题无休止地争论，难以聚焦民生诉求等突出问题并依照既定流程推进。

三是“微协商”的队伍不稳定、参与不广泛。城市社区“微治理”体系建设需要在“微单元”内组建“微协商”队伍，队伍成员不仅来自基层党组织、政府、人大、政协等机关事业单位，还需要企业、教师、律师、医生、知识分子等各行各业人员，以充分连接多方主体资源。然而，这支队伍在参与成员上还存在一些不足之处。首先，“微单元”内组建的协商队伍不稳定。队伍成员需要以本“微单元”内的居民为主，他们更了解各类服务需求与矛盾纠纷的根源，也会更加严肃认真地维护自身利益。核心成员频繁更换带来的后果不仅是协商能力培育成本上升，而且以外部人员作为主要参与人员不利于增进“微单元”整体凝聚力。其次，“微协商”参与成员不广泛。“微协商”成员代表的社会面覆盖不全，很少有进城务工人员、个体户、企业白领等职业人员出席“微协商”活动。这部分人员切身利益难以得到切实维护，无法做到在日常生活中顺利进行自我管理、自我服务，从而难以充分、及时地吸纳和疏解居民诉求，削弱“微协商”成果的跟踪与督促的力度。

二、城市社区“微治理”体系制度规则尚未健全

制度是治理的前提，治理是制度的运用。治理的成效，不仅与主体的活动有关，也与制度有关。治理开展以制度为基础，治理依赖制度进行，制度为治理提供依据、尺度、手段和工具。制度是将正确的规范以明文的形式固化、约束下来。治理的科学性与有效性也建立在科学的制度之上。

因此，制度是构成城市社区“微治理”体系的核心内容，在此基础上形成城市社区“微治理”体系的运行机制、连结参与“微治理”的各方主体力量及其互动的方式方法。城市社区“微治理”体系建构就是将相关的各种制度、规则、做法均衡统筹与体系化的过程。城市社区“微治理”体系建设，实质上是从制度体制上加以承认，以明文政策加以规范的方式，制定城市社区“微治理”体系下实现主体之间合作共治的具体规则。然而，在城市社区“微治理”体系的制度运行中，存在单元、权力、资金、数据、监督等方面的短板。

（一）治理权力结构不合理

在城市社区“微治理”体系的权力运作格局中，公共服务供给主要来自政府、市场、社会三方面的力量。政府主体通过自身的权威地位分配社区资源、消解冲突矛盾。市场主体通过竞争机制参与社区资源的分配。社会主体通过信任、合作、互惠的社会机制参与社区“微治理”。在现有法律制度框架内，城市社区“微治理”体系的参与主体有五大类：基层党组织，包括社区党支部、楼组党支部、党小组等；政府组织，包括政府职能部门、街道办；社区自治组织，包括居委会、业委会、业主大会、居民代表大会、议事会等；社区社会组织；物业服务企业。来自不同方面的社区“微治理”主体在参与过程中扮演不同的角色、承担各自的功能，彼此之间责任分担、优势互补，形成城市社区“微治理”体系的基本权力结构（闫冰，2021）。

在社区“微治理”主体中，代表公权力的行政性主体依然是强势的一方，掌握资源分配的权力，对社区“微事务”开展享有一定的组织权和领导权，其他“微治理”主体均需围绕行政性力量开展活动。这在一定程度上造成社区“微治理”主体之间的权力结构失衡，对于行政性力量不同程度的依附致使各方参与主体难以充分发挥自身功能，从而造成诸多不良后果。一方面，行政性力量的强势容易造成管理越位现象，大包大揽的工作方式压缩了市场和社会主体的参与空间，导致其他“微治理”主体的权力受到限制；另一方面，行政性力量的选择性支持和投入，易造成社会力量的自主性、积极性、参与性不足，限制“微自治”发挥空间，限制“微单元”社会资本生长。

第一，“微治理”事务扎堆与空白并存。一些行政性事务容易获得上级领导认可，能够带来实际利益，而与居民需求密切相关的“微事务”往往更加耗费精力和时间。“微治理”主体基于自身利益，重点选择推动行政性事务，推诿拖延社会自治性事务，一些有争议、得罪人、关系复杂的“微事务”成为“微治理”盲区。

第二，“微治理”主体“能者多劳”现象严重。“微治理”工作更容易落到具有较强组织引领与统筹协作能力的组织或个人身上，导致职责划分、工作量分配不科学、不合理。把任务重、压力大的重活累活推脱给能者，不仅会带来“搭便车”、不合作问题，而且很容易造成“微治理”事务的无人管理现象，从整体上降低城市社区“微治理”体系的运行效能。

第三，“微组织”之间功能衔接不当。由于缺乏完善的制度和行为规则约束，组织间关系不畅、权责边界模糊不清、治理规则意识缺口是城市社区“微治理”体系中权力运行的潜在隐患。“微组织”之间缺乏合理的权责分配与沟通协调，导致组织之间容易产生矛盾冲突。而自治性力量相对较弱，则使“微组织”不能依照自身职责各司其职，造成推诿扯皮、掂轻怕重现象，出现“微治理”在组织覆盖上的真空地带。

（二）治理数据流转不畅通

精准可靠的管理服务数据是实现社会治理精细化的基础条件。近年来，智慧赋能社区治理已深入广大地区。各地以信息化为支撑，运用大数据、云计算、人工智能等技术手段推进智慧社区建设，助推社区治理迈上新台阶。信息化支撑，一方面是为了通过数据共享、业务协同的方式，打破行政体制中的信息壁垒，更加系统地整合各方面资源；另一方面，是为了更好地就近满足居民需求，让居民少跑腿，避免居民“多次跑”“往返跑”“到处跑”，提高社区层面的服务质量与效率。深入推进城市社区“微治理”体系信息化建设，不仅要在政务服务事项上方便居民查询和办理，而且要融合居民“微协商”，通过开展线上协商议事，丰富“微治理”开展形式和活动。加强信息化运用，应具体构建以下信息平台：一是社区智慧应用或APP，融合服务项目、治理资源、信息动态的联动协同；二是综合后台数据库，整合各类信息以实现信息共享调用；三是公益志愿管理平台，提升资金、审批、项目的透明度与公信力。然而，当前城市社区“微治理”体系中仍存在信息流转的截留、失真、失准问题。

第一，科层制纵向与横向之间存在治理信息截留。信息技术治理工具能够对国家与社会进行双向赋权，突破传统治理中的信息不对称梗阻。然而，社区“微治理”中仍然存在信息获取与传递阻滞的现象。一方面，在科层制“条块分割”“纵强横弱”影响下，体制内上下级之间存在垂直信息交流的不对称现象。经过信息的层层传递，上级政府难以全面掌握基层整体情况，而基层政府又存在利益掩护现象，在信息上报中截留或虚报部分信息，造成信息噪音过多，降低信息交流有效性。另一方面，基层政府后台信息系统标准化、规范化、便利化程度不一，政府内部垂直职能部门与属地职能部门之间缺乏有效的信息共享机制，制约了治理过程中的数据整合、分析、运用。在数据收集与呈现上，需要社区“微治理”主体分别自行采集数据，信息更新频率较低，缺乏动态化的数据表达，导致“微治理”成本与监管难度加大，社区治理始终面临较大的复杂性与不确定性。而居民能够参与的信息交流渠道较少，相关服务需求数据获取不够便捷，致使“微治理”资源分配不够精准。

第二，城市社区“微治理”体系在相关信息收集环节存在数据真实性相对不足的问题。在信息收集前端，即整理汇总阶段，社区“微治理”主体的信息技术能力掌握程度参差不齐，存在方式不规范、时间不及时、流程不统一等问题。信息收集在方式上分为系统自动收集和人工收集两大类，而人工又可运用自填、观察、访谈、估算等方式。数据收集人员在收集条目上有选择性，对于一些量化、刚性的指标，则较为认真、准确、负责地采集数据，而对于一些定性的、弹性化、非考核的指标，则倾向于获得较好的结果而模糊数据。在信息收集后端，即录入上报阶段，由于涉及事务不同，数据收集人员需要在不同的平台系统中进行操作上传，而基层政府的信息化建设参差不齐，“微治理”主体所运用的信息系统性能不同，一些主体使用的信息系统较为老化，不同主体之间存在系统上的不兼容、不匹配，导致数据的丰富度、多样性、一致性程度受到影响。以上种种因素导致城市社区“微治理”体系所收集的数据不能保证真实可靠，未能完全适用于政务事项与社区服务，从而造成一定程度的“悬浮”状态。

第三，城市社区“微治理”体系相关数据在后台传递中精准度下降。

城市社区“微治理”的开展需要有效应对“微事务”细分化、“微群体”复杂化的局面，而主体、关系、资源等“微治理”要素大量集聚，需要对各方面信息进行精细把握。这方面尚未有明确的推进方向与完善的政策设计，导致涉及居民基本情况的信息被重复提交，而居民发出的需求信息则未被充分重视和深入分析，未能加以运用以增强城市社区“微治理”体系建设的社会活力。此外，“微治理”主体对收集到的信息的运用缺乏方向上的指引，容易导致信息在调配使用过程中发生变更，低效甚至过时、无效数据不断堆积，信息的存储和检索成本越来越高。

（三）治理资金配置不充分

城市社区“微治理”体系建设，需要人才、资金、技术、设施等一系列资源要素的强力保障。例如，“微单元”工作人员队伍保障、“微治理”专项工作经费、信息化系统建设维护等事务都对地方政府财力提出了较高的要求。如果缺乏社区自治主体资金的支撑，那么城市社区“微治理”体系主体的能力提升将会受到影响。

第一，城市社区“微治理”体系建设来自上级政府的财政拨款较少，“微治理”主体资金自筹能力不足。目前我国城市社区“微治理”体系建设在多数地方仍是一种自下而上的基层自发行动，一般性的社区财政支出不足以维持运作，需要社区“微治理”主体多头自筹经费来弥补国家财政供给的不足。然而，一些社区“微单元”由于缺乏集体资产，自身所掌握的资源有限，因而面向社会的资源动员能力较低，自行筹集而来的资金数量不多。来自居民方面的自筹资金多以“一事一议”方式开展，而“微治理”单元的规模较小，通常情况下资金筹集数目不会太大，致使“微治理”体系建设的深入推进面临后续资金紧张的局面。

第二，社区自治运作资金不足加重了“微治理”体系建设资金短缺。当前，我国政府财政预算中社区建设补助资金主要用于设施购置、用房建设、信息系统建设等硬件方面的支出，专门用于社区自治的资金仍然较少。城市社区“微治理”体系建设的开展主要依赖地方政府专项拨款，很大程度上受地方政府的财力影响。一般情况下，基层政府的社区财政拨款主要用于社区层面的运转支出（综治、党建、工资、办公、保险等）与项目支出（治安维稳、文化活动、民生服务、帮扶培训等），对城市社区

“微治理”体系的各方面管理与居民服务需求的资金保障力度不强。基层政府对社区自治组织使用资金的内容、权限、用途均有明确严格的规定，相当一部分资金“费随事转”，对“微治理”项目的自主开展形成较大制约。

第三，城市社区“微治理”体系建设存在资金分配的“马太效应”。社区“微治理”单元所处的地理位置、人口规模以及辖区内驻区单位数量都会影响社区自治组织在资源整合、资金筹集、设施物资以及社区服务收费等方面的能力水平。一些“微单元”能够供给更加丰富的文化活动、多元的生活设施、优质的服务事项，而另一些社区的资金筹集面临较大不确定性，从而在支出上更加谨慎。前者在资金使用中不断积累经验，更好地推进城市社区“微治理”体系建设，形成更加完善的运行机制，于是优势得到不断累积，能够吸引的社会面不断扩大，从而获得的资金支持数量递增。

（四）治理单元封闭排外化

社区“微治理”的首要特征就是“微治理”单元的选择与设定相比社区要更加微缩、可及。城市社区“微治理”体系通过压缩沉降治理单元，充分运用单元内部的社会资本、非正式关系、集体文化等资源，激发“微单元”共同利益，实现对原子化个体的社会整合。治理单元缩小带来诸多优势，“微单元”内相对紧密的人际关系能够为小范围集体行动创造条件，而利益的高度关联性则为增进共同体认同奠定基础。“微单元”不仅治理空间缩小了，而且在主体、事务、方式上都具有不同的治理形态，即在主体上更强调由居民自发形成的自治组织参与社区事务治理，在事务上更加贴近居民日常生活，在方式上更便于对接居民个人。然而，治理单元缩小也会带来负面影响，在城市社区“微治理”体系运行中产生诸多问题。

第一，“微治理”单元的封闭化。“微治理”单元的划分通常以治理范围与治理事务的同质化为依据。在划分方式上，可以以生产生活范围、社会分工与收入、兴趣爱好、历史传统边界的同质化程度为依据。相较于行政区划，“微单元”划分更加具有灵活性，审批流程相对宽松，更容易在“微单元”内部建立紧密联系的纽带，增进社会资本，强化共同体意识。需要注意的是，“微单元”的同质化在某些情况下可能会促使单元内成员为维护自身利益而脱离、排斥社区整体利益，强化自身封闭性而难以与外界相融。

第二，“微治理”单元的排外性。过于微小的“微治理”空间会造成社区议题的碎片化，强化成员之间的小集体意识，阻碍社区整体共建共治共享的推进。在涉及利益分配时，“微治理”成员为达到目的往往以“微单元”作为范围边界，谋求自身利益最大化，这不仅会加重“微单元”的封闭性，而且会排斥单元内部少数持不同意见的成员。在争取“微单元”之间的资源分配时，由于每个“微单元”都具有相对较高的内部同质性与外部差异性，从而强化其与外部的边界意识与本位主义，加大了不同“微单元”之间协商达成一致的难度，为城市社区“微治理”体系的运行增加了负担。

（五）正式监督机制不完善

“微治理”组织权力虽小，却关乎居民切身利益。由于基层监督的特殊性，监督工作尚未完全落实到城市社区“微治理”体系中。城市社区的监督工作主要在街道纪工委的领导下、由社区监督委员会开展监督工作。街道纪工委配合党工委，围绕社会治理强化监督、助力提高基层治理水平。由街道纪检专干和社区监督委员会组成的开展基层监督的纪检监察队伍，从社区“微治理”运行工作的小事、小处、小节中监督小微权力的规范化运行。一些社区“微治理”事务，如事项报批、项目审查、验收监督通常由上级职能部门承担，给予“微治理”主体相关参与权利。总之，当前与“微治理”相关的政策设计对城市社区“微治理”体系运行监管的规范是模糊缺位的。

第一，监督体系不完善。社区“微治理”监督体系包括监督主体、监督机制、监督内容、监督方式、监督途径等要素，由特定组织或个人依据相关的政策规定对社区“微治理”各项工作与活动的开展进行督导管理，对“微治理”主体偏离自身职责目标的行为及潜在风险进行询问、建议、质疑、投诉、举报等监督反馈。现阶段城市社区“微治理”体系建设仍处于局部试点试行的阶段，在政策规则、方式手段、内容要求、重点事项等方面还存在诸多有待完善之处，还需健全运行机制与长效治理机制，将基层监督力量纳入民生监督工程，不断强化基层监督职能，切实维护社区居民利益。

第二，监督专业性不足。一方面，当前城市社区“微治理”体系建设在正式监督规则方面有所欠缺，相关政策较为宏观，有待进一步细化，亟待优化第三方监督机制。对社区“微治理”开展所涉及的相关项目的设计合理性、实操安全性的监督不足，对项目资金使用的社会效益缺乏评估。另一方面，城市社区“微治理”体系运行具有更强的社会自治性特征，与社会力量相结合，能够更好地发挥社会监督效力。然而在现实中，与“微治理”社会监督相匹配的制度规则不够完善，存在“人情主义”“好人主义”等现象，未能破除“熟人社会”困境，尚未形成成熟、有序、专业的居民自我监督。

第三，监督渠道单一。开展社区“微治理”不可避免地要面对居民之间的利益冲突，甚至还有公权力运行不规范、以权谋私的现象。这时，多元化的反馈渠道就显得尤为重要，这样可以在充分有效进行信息沟通的同时避免“微治理”成员之间发生正面冲突。然而，当前城市社区“微治理”体系的监督渠道不够畅通，居民在信息反馈过程中遇到的阻力较大。一方面，“微单元”成员反映“微治理”问题，需要向社区监督委员会以书面或口头形式进行反馈，对于社会团体、项目落实、小微权力等城市社区“微治理”体系运行中所涉及的监督内容，缺乏制度框架内的反馈渠道，通常采取提级监督方式，对“微治理”主体负责人进行权力监督、工作评议。另一方面，尽管一些社区打造了智慧监督平台，但是平台在内容上信息公开不充分、工作动态更新不及时，在操作上不够便利，对社区监督力量的整合一体化不足。此外，“微治理”信息平台对公众隐私的保护机制不健全，引发社区居民的担忧，阻碍了监督信息平台的推广应用。

三、城市社区“微治理”体系运行效能有待提升

运行有效是治理体系建构的落脚点，也是评价治理体系的关键，运行有效要求城市社区“微治理”体系能够在实践中顺利运转、发挥功效。城市社区“微治理”体系的有效运行，就是社区“微治理”过程能够动态呈现体系要素以及要素间关系，充分发挥功能作用。城市社区“微治理”体系由目标、驱动、合作、优化等一系列运行机制构成，这些机制相互作用、相互牵制，促使城市社区“微治理”体系的构成要素有机运转。然

而，城市社区“微治理”体系在现实运行过程中出现了一系列较为突出的问题，制约运行效能的发挥。

（一）“微组织”专业化建设不足

城市社区“微治理”体系运行需要以健全的组织体系为载体，依照应建尽建原则，在网格、小区、楼栋、院落等“微治理”单元建立相应的“微组织”，实现社区内“微治理”单元全覆盖。这些“微组织”涵盖了网格党组织、小区党小组、楼院小组、楼委会、业委会、业主联谊会、居民理事会、基层治理委员会等形式。个体居民通过自主参与或自发形成的方式组建“微自治”队伍进行自我管理和自我服务。总体上，这些“微组织”在平台运作、人才队伍、社会认可上都存在规范化水平较低、专业化建设不足的问题。

第一，平台运作不够标准。“微组织”平台建设应有一定的标准作为依据，要在工作载体、运行机制、领导队伍、场所建设等方面明确建设标准，分类制定标准化建设基本指标。现实中，一些“微组织”依托行政权力建立，拥有较为充足的资源和经费保障，能够制定较为完善的规章制度，顺利开展各项“微治理”工作。还有一些“微组织”则依托社会力量，是在自身力量相对不足而又得不到外部资源支持的情况下建立起来的。这些“微组织”基于不同的逻辑开展工作，组织严密性相对不足。相对较低的制度标准会使这些“微组织”与其他“微治理”平台之间的对接存在一定的障碍。

第二，人才队伍培养质量不高。“微治理”队伍成员分为两类群体，一类以临时性、相对不规律、个体化的自主参与人员为代表，一类以常态化、稳定持续的、居于核心地位的组织领导人员为代表。热衷参与社区治理的个体居民中以下几类比较具有代表性，一是精力充沛的老年居民，他们希望在社区“微治理”工作中发挥余热；二是社区低保户、困难户、空巢老人、留守儿童等特殊困难群体，这些群体与社区保持着较为密切的联系，他们的“微心愿”同样重要；三是定期开展必要社会实践活动的学生群体，他们需要扩展知识面，接触实际工作，提升专业实践技能。从“微组织”队伍核心成员来看，他们的年龄结构普遍偏大，接受新事物的能力不强，为“微单元”居民提供服务的专业性不足。而在实际工作过程中，该部分成员的行为规范性不足，尤其是在多元主体对接、服务供给方式、实施方案制定上更加捉襟见肘。

第三，专业团队社会认可度不高。社区“微单元”中涉及的专业团队主要是指集中开展家庭教育、心理健康、空间更新、志愿服务等专业服务的社会组织或社工工作室。这些团队通常由外部嵌入，具有相关行业较为专业的人才队伍，能够独立开展设计、实施、咨询、调解等工作。但是，要想获得社区居民的认可，切实提升社区居民的满意度、幸福感、获得感，还需要在居民参与自治方面下更多功夫。专业团队要在活动中运用专业知识进行指导，并与社区居民共同参与，通过陪伴式服务提升居民解决问题的能力，以耐心、细致的服务获得居民情感上的理解与认同，增强居民对社区“微治理”的归属感。

（二）体系运行缺乏持续性

“微治理”通过划小治理单元实现对治理资源的精细整合，“微治理”开展不仅依赖“微单元”治理主体的协同推进，更加依赖“微单元”内外部资源来源的多元化与资源配置的持续化，从而增强城市社区“微治理”体系的活力与治理有效性。

国家与社会的关系在社区得到集中体现。城市社区“微治理”需要在国家控制与社会自治之间寻求平衡，要以一种合作、弹性、协商的方式维系两者均衡，否则城市社区“微治理”体系运行将不可持续。然而，能够在现实运行中寻获并坚守这样一种微妙状态是困难的，总体上城市社区“微治理”体系运行面临持续性不足、稳定性有待加强的问题。

一方面，从城市社区“微治理”体系的自身结构分析，其运行受到需求不确定性、对象变化性、资源依赖性等条件变化的制约而不够稳定。一是“微治理”工作启动以具体问题为先决契机。一旦某一现实问题（如楼道整治、空间改造、景观更新）得到解决，“微单元”居民在这方面的需求强度将会大大减弱，城市社区“微治理”体系存续的必要性与紧迫性将大为降低。二是城市社区“微治理”体系以坚实的群众基础为后盾。“微治理”要求更广泛的社会参与，显著缩短主体成员之间的距离，实现社区治理的“最后一公里”。这需要“微单元”中的行动主体具有较高的积极性、主动性与自觉性，以热情饱满的精神状态实地走访、入户开展工作。

社区治理只有带领广大成员持续参与，才能巩固所取得的“微治理”成果。然而，“微治理”主体成员可能因精力限制、兴趣丧失、职业居所变动等自身原因，也可能因“微治理”的工作难度、居民态度等原因而产生消极态度和不确定性，致使城市社区“微治理”体系难以自发运转。三是“微治理”工作依赖多元资源支撑。“微治理”单元的规模划小之后，“微治理”所能直接掌握的资源来源单一、体量较小，需要由社区甚至基层政府出面聚拢资源，否则将会影响“微治理”主体的服务能力与服务效率。而城市社区“微治理”体系运行的碎片化困境加剧了资源整合难度。因此，城市社区“微治理”体系需要政府部门在制度上进行政策牵引与资金支持，为“微治理”各方资源要素投入提供保障与激励，促进“微治理”资源的协同整合。

另一方面，基于地方政府视角分析，作为地方社会治理的一项实验，城市社区“微治理”体系的持续性受到较大范围内外部因素制约。一是地方党委政府主要领导重视度。“微治理”探索创新实践，若引起关注并受到地方党委政府的高度重视，则会获得大量资源支撑其推广建设，甚至得到相关领导的谋划部署与协调推动。然而，一旦领导干部职务发生变动，地方上的城市社区“微治理”体系建设将会失去来自官方力量的重要支持，甚至作为上任领导的政治遗产，未来面临诸多不确定性。二是政策设计与媒体宣传。宏观层面的中央政策为城市社区“微治理”体系建设提供大致方向，微观层面的地方政策为城市社区“微治理”体系实施进行系统配套。“微治理”依赖政策细则上的连续性、持续性与有效性，通过合理的政策力度，选择适当的政策工具，持续巩固城市社区“微治理”体系建设有益经验。即便地方的城市社区“微治理”体系创新实践尚未在政策上明确其地位，但获得传统或新兴主流媒体的认可，受到央媒、省媒、地方媒体的持续报道，也将会极大增进城市社区“微治理”体系建设动力与社会参与活力，助力“微治理”能力提升。三是基层领导干部的政绩观。政绩观是领导干部对履职尽责、创造业绩的基本认识与观点，政绩观、权力观错位将会产生形式主义、官僚主义。“微治理”作为一种基层社会治理创新性模式，是地方政府履职能力的重要体现形式。在不正确的政绩观的影响下，一些地方会将城市社区“微治理”体系建设作为一项政绩工程、面子工程或形象工程来抓，不惜投入大量人财物资源，做表面文章，盲目攀比，包装造势，虚以应付。脱离基层工作与社区建设实际，忽视城市社区“微治理”体系建设的内涵和本质，不仅会使城市社区“微治理”体系建设难以取得实质成效，而且也会造成国家与社会资源的浪费，带来铺张浪费的不良社会影响。

（三）忽视公共性价值生产

运用公共资源，达成公共目标，实现公共价值，是城市社区“微治理”体系建设的精炼概括。“微单元”是“微治理”公共价值生产的具体场域。城市社区“微治理”体系建构的核心要义就是坚持以人民为中心理念，基于共建共治共享原则，形塑公共价值，增强社区认同，以维护集体公共利益为行为取向，联结居民形成人人有责、人人尽责、人人享有的“微治理”共同体。

“微治理”强调“微单元”空间范围内的微型治理循环，包括“微主体”“微项目”“微社团”“微参与”等内容，将城市社区“微治理”体系的各方面要素打通形成“微循环”，促使居民之间紧密联结，畅通运行，形成有机整体。然而，现实中城市社区“微治理”体系运行的公共空间萎缩、公共议题失语、公共权力缺位等问题造成了“微治理”公共性价值生产的低效，不论是在与公共精神有关的共同体意识培育还是在基于个体利益之上的公共利益的维护上均有较大的提升空间。问题产生的深层原因很大程度上在于主体之间的理念冲突与行为规约欠缺。在“微循环”运行中，来自政府、市场、社会领域的主体力量遵循不同的行为逻辑参与互动，存在主体内生性与嵌入性、利益公共性与私人性、事务关联性与短时性等认知偏差，在不同利益需求满足的权衡比较中丧失公共性价值生产的效能。

一是公共精神的淡漠化。在尚未形成浓厚的“微治理”文化氛围、合作共治理念尚未深入居民内心时，“微治理”工作开展强调重视个体权利、满足多元需求极可能的负面后果是个人主义意识冲击公共精神形塑。在“微事务”流程运转中，具有自主性的居民个体为了获取生产生活、价值情感等方面需要的满足，将个人利益最大化作为参与集体生活的主要动因，忽视了“微单元”内部主体之间的稳定和谐、共建共享，使得人们逐渐淡忘社区的群体记忆，难以在“微治理”开展过程中形成情感共鸣。而城市居民在文化生活中其内在精神世界逐渐被娱乐文化、网络文化、消费文化等占据，个体不再从社区邻里中寻找精神慰藉，消解了对“微治理”的共同理解和社区共同体的价值认同。

二是公共利益的分散化。从小处着眼、从居民最关切的现实问题着手、在源头堵点上寻求突破是末端化细微治理的鲜明实践特征。在这一层面看，个体利益复杂交织、频繁叠加，更加细碎、尖锐、难以整合，个体利益与公共利益的冲突、博弈、合作更加凸显。达到个体目标并不意味着更加趋近于集体利益，集体目标的实现有时会在一定程度上削弱个人利益。在很多情况下，个体在认知、信息来源、专业能力等方面都各有不足，造成个体实现自身目标过程中不可避免地损害公共利益。因此，需要“微治理”主体同向而为，在化解个体或群体之间矛盾时掌握更多专业技巧，协调空间设施、服务资源的公正分配，保障社区“微治理”的全局性与整体效率。

（四）公共目标实现短期化

开展城市社区“微治理”体系建设具有多重功效，而其所能达成的目标同样是复合的。城市社区“微治理”体系所能实现的目标，不仅是提升社区公共空间、搭建公共服务体系、融合各项便民资源等现实层面的目标，还包括提升居民综合素质、重塑邻里和谐关系、增进社区团结共识等理念层面的目标。然而，当前城市社区“微治理”体系所聚焦和致力于实现的目标以空间改造、社区更新、资源分配等为主。这些目标具有短期化、成本小、易实现等特征，组织和动员居民难度相对较小，协调社区各方面的利益相对容易，因而更能够争取到居民的合作。总的来看，城市社区“微治理”体系在现实运行中所关注和达成的目标议题具有一定的偏重性，主要原因有以下几点。

第一，主体在自利性动机驱使下更关注短期目标实现。“微单元”的设立促使实现更广泛的居民参与，“微治理”主体的参与面进一步扩大，个体参与社区“微治理”更加便利可及。然而，应该看到的是，相当一部分居民在专业能力与参与观念上相对匮乏，对于自我管理权的行使，尚未树立牢固的主体性，在民主参与的自觉性与自发性上，都没有形成成熟的价值理念与行为规则。在缺乏权责意识与规则制约的情况下，“微治理”主体的参与动机和参与需求往往基于自身利益，以满足自身需求为出发点，与其他治理主体进行合作博弈，在自利性动机的驱使下，关注自身利益增进与成本收益权衡，忽视社区公共利益这一长远目标的实现。

第二，人际关系网对“微治理”整体目标实现形成阻碍。受家庭背景、文化知识、社交人脉、生活境况等因素的影响，“微单元”内居民之间形成亲疏远近的人际关系网络，存在诸多难以整合的短期目标。由于居民在具有圈层特征的人际关系网内所处的位置不同，这些多中心的人际关系网基于自身需求集成利益小集团，在小范围集体行动中更容易达成共识。然而小集团目标并不总是与整体目标一致，在“微治理”中会干扰整体目标实现。集团规模与利益大小存在差异，导致“微治理”目标制定丧失公正性，目标实现出现不均衡。因此，依赖人际关系网组织“微治理”行动将会对“微治理”整体目标实现形成阻碍，不利于依赖居民化解矛盾。

第三，长期目标的持续实现更加依赖制度化的激励。“微治理”着眼于民生小事，实现“小事不出社，大事不出街，矛盾不上交”的社区“微治理”，需要踏实肯干的“微治理”单元负责人牵头组织。“微单元”负责人需要直接面对居民开展“微治理”工作，居民事务繁杂琐碎，有时得不到居民认可，甚至要回应居民的质疑和冲突。然而，相当一部分“微单元”骨干身份缺乏制度性确权，没有法律赋予的合法性权力，得到居民持续的信任较为困难。同时，由于在激励机制上没有明确规定，激励以集体荣誉、认同鼓励等精神性激励为主，负责人面对内外压力和负面评价时容易产生消极抵抗心理，削弱“微治理”推进的积极性与持续性。

（五）机械化照搬学习经验

“微治理”模式的创新，符合当前社区精细化治理的趋势，是各地提升社区治理水平的一个重要模式参考，也是探索社区治理创新的一个重要方向。近些年，在全国各地如火如荼开展的城市社区“微治理”实践涌现出若干具有区域特色的典型模式。这些模式成为各地打造城市社区“微治理”体系的标杆以及学习对象，为各地优化提升社区“微治理”水平提供了案例借鉴。

正因为城市社区“微治理”体系构建注重社区内部微观层面的创新与再造，围绕城市社区“微治理”体系内部要素与外部环境的打造具有局部性、具体化、分散性的特征，所以相关先进经验不具有普适性，将其整体套用到某一地区或某一社区，都不能取得良好效果。因此，现实中真正能够可复制、可推广的城市社区“微治理”体系建设模式屈指可数。当前，一些城市将本地的城市社区“微治理”体系建设的举措及成效梳理出来，作为一个标准模板要求本地其他社区参考学习。在经验学习与复制推广的过程中，城市社区“微治理”体系建设存在较为明显的机械化照搬的问题，局限于事实层面的经验学习，而对如何基于本土特色打造典型缺乏整体思考。

一方面，基层政府学习与推广“微治理”先进经验存在“一刀切”问题，对学习对象的相关背景没有深入了解，在没有开展科学调研的情况下，就在本地区盲目进行全面推广。而在推广过程中，以统一标准、同一政策要求基层实施，没有考虑基层千差万别的发展基础与条件，推广遇到重重阻力。以大量的目标任务、考核指标的方式推进城市社区“微治理”体系建设，没有考虑基层社区的自身资源、人口结构与发展规模，不仅使推广难度成倍增大，推广成本成倍增加，而且给基层工作增加负担。

另一方面，在当地城市社区“微治理”体系建成运行中，未能进行反思、完善与创新。基层政府没能够在系统学习经验做法的基础上，把握“微治理”的核心要义与丰富内涵，就将其融入当地城市社区“微治理”体系的建设。一是存在本地区既有制度运行与城市社区“微治理”体系“两张皮”现象，未能将先进地区成功经验与本地区实际工作相结合，因地制宜地提出明确的本地建设思路与工作亮点。城市社区“微治理”体系建成后相应的配套机制与长效措施不够完善。二是对于当地社区建设目前存在的优势与短板未能予以全面反思和梳理，不重视既往社区治理工作中的实践经验积累，未能灵活运用城市社区“微治理”体系建设与运行补齐既有社区治理的短板，提出具有实地操作性的创新性路径与方向指引。三是在城市社区“微治理”体系建设中缺乏目标定位与系统谋划。社区“微治理”未能基于既有社区建设情况分类施策、分类指导，对城市社区“微治理”体系相关的制度、组织、工具等要素的本土化不够重视，缺乏功能、形式、手段以及做法上的优化创新，对整体层面的城市社区“微治理”体系建设没有系统、长远的谋划，缺乏具有本土特色的发展定向与战略计划。

第二节　城市社区“微治理”体系建构的困境

一、城市社区“微治理”体系需求满足不均衡

城市社区“微治理”开展以满足人民群众需求为导向，聚焦实际生活中的居民“微需求”“微心愿”，解决居民身边的“微实事”，保障居民日常生活所需。在“微治理”开展过程中，治理主体对居民需求的收集、辨别与甄取，具有显著的选择性特征。通常情况下，“微治理”主体选择在居民看来相对重要、在自身能力范围内、具有可操作性且成效良好的需求事项予以满足。在流程上，依照问题解决的难易程度、时间跨度等情况进行汇总整合，制订阶段性实施计划，而先后顺序、时间长短、效率高低的区别则成为居民争议的影响因素。这导致居民需求的满足在总体上存在不均衡现象，制约了社区“微治理”的开展。这种不均衡现象的深层根源在于居民需求的表达多样化、需要层次性、需求多变性。

第一，表达多样化。“微治理”强调居民需求的个性化满足，要求治理主体广泛、精准地征集居民意愿，实地倾听居民急需的、反映强烈的问题事项。居民需求表达的多样化，既是推动居民参与社区“微治理”发展的驱动力，又对“微治理”的高效有序开展产生了一定的消极影响。一方面，在当前城市社区“微治理”体系下，居民需求的表达机制并不完善，还存在组织载体不稳定、渠道途径不畅通、反馈回应不及时、承诺兑现度低等问题；另一方面，居民需求的个性化表达，在需求的梳理整合方面对“微治理”主体提出了更高的要求，即在对多项需求寻找共同点、进行精准对接整合的同时，避免偏离居民真实意愿，把真正重要的问题放在首位。当前多元“微治理”主体的需求整合能力参差不齐，不能涵盖千头万绪的居民现实需求，对分散的、碎片化的需求进行精准识别与集中整合，难以在居民不同意见中找到共识。

第二，需要层次性。在心理学中重要的马斯洛需要层次理论看来，人类的需要呈现金字塔式的结构性特征，最低层次的需要是生理需要，逐次上升为安全需要、社交需要、尊重需要与自我实现需要。不同的需要成为激励人们生存发展的不同力量来源。低层次需要能量较大，出现较早。高层次需要更加具有复杂性，通常在低层次需要相对得到满足之后才会出现，其实现往往需要更严苛的内外部条件。这时，人类对低层次需要的渴求不再十分强烈，低层次需要对人的激励效用的局限性凸显。在城市社区“微治理”中，居民对公共产品与服务的需要是集体行动产生的一大动因。与居民日常生活密切相关的社区“微治理”事务，多属于生理需要与安全需要，如环境卫生、社会治安、停车便利、消防设施等。尽管这些事务能够有效激励“微治理”主体参与其中，然而一旦这些需要得到满足，就难以对“微治理”主体产生持续的激励效用。

第三，需求多变性。个体的自我意识与行为动机的多元化，使居民的需求呈现出不同的面向。一方面，当个体对现实的认知发生变化时，其所产生的需求也会发生转变。因此，在不同的时间段内，能够对个体产生激励作用的需求具有多变性。另一方面，在不同的情境下，面对不同的个体，以及个体不同的身体状况，人们的需求将会动态变化。换言之，当社区人口结构统计变量发生变化时，人们的总体需求也将随之发生变化。此外，个人对自我需求满足的认识是模糊的，其判定标准具有很强的主观性，这导致不同个体之间对共同需求的满足难以确定统一标准。

二、城市社区“微治理”体系建构碎片化

当前，治理碎片化是社区“微治理”的一大问题。政府治理碎片化是指，在面对一个共同社会问题时，不同职能部门之间处于各自为政、缺乏沟通与协调的分割状态（闫冰，2021）。随着新型城镇化的快速推进，城市社区逐渐从一个熟人社会转向陌生人社会，原有社会关系网络被人员流动与职业身份所瓦解。邻里之间的接触短暂且表面，个体对自身居民身份认知模糊，在公共事务与公共生活中基于自身利益考量做出相应决策。社区“微治理”主体在治理理念、参与方式、利益关切上存在差异，致使“微治理”主体对“微单元”空间范围的条块治理资源不能实现有效整合，

从而在社区事务、公共服务、交往自治等方面对城市社区“微治理”体系建构形成制约。

一是议事平台碎片化。多元主体的共识缺失与诉求分化，致使利益争夺在所难免。而不同的事务领域对应不同的议事平台，缺乏高度统一的协作流程与联动机制。平台分散与低效致使主体间的合作与互动十分艰难。二是服务供给碎片化。“微治理”的对象内容多元，基层政府职能部门在服务下沉以及服务购买过程中，协调不畅、沟通困难，治理过程各自为政，致使“微治理”在服务供给中面临跨部门、跨地区、跨组织等碎片化局面，难以满足居民日益增长的个性化服务需求。三是信息来源碎片化。在信息发布上，部门之间存在信息壁垒，各自数据平台之间共享度低、口径不一致。“微单元”信息平台在纵向与横向上兼容性差，导致“信息孤岛”产生。居民接收信息的渠道多样，信息量大且内容分散，涉及财政、社保、党建、环境、安监等各个方面，需分别进行对接整合。

城市社区“微治理”体系建构难以突破碎片化桎梏的根本原因在于城市社区“微治理”体系的制度脆弱性。在现有条块结构下，城市社区“微治理”体系由于其独特优势与功能效用，得到地方政府的政策支持，但仍然没有上升到法律层面，城市社区“微治理”体系建构表现出较低的制度化水平（汪仲启、周彦如，2022）。“微治理”的目标宗旨与价值规范没有统一表述，部分“微治理”主体（如楼栋、网格等“微单元”内的自治组织）的法律地位尚未明确，因而“微治理”工作开展在治理资源上受到局限，稀释了“微治理”的整体效能。

三、城市社区“微治理”体系功能发挥有局限性

我国城市社区发展依赖国家权力的介入与推动，而非由基层居民自发管理形成。城市社区“微治理”体系建设难以跳出“换汤不换药”的治理困境，同样面临国家治理统一性与社会治理多样性之间的矛盾。在现有社区治理体系制度框架下，城市社区“微治理”体系作为一种自下而上的诱致性制度变迁形式，在面对自上而下的强制性制度力量时，所能够发挥的功能是有限的。

第一，城市社区“微治理”体系的适用性有限。在以下社区中，城市

社区“微治理”体系建设较为困难：一是人口空心化现象严重的社区。这些社区人口年龄结构分布极其不合理。社区居住人员以老年人和儿童为主，中青年群体数量很少。这样的人口结构，不论是在组织参与或解决问题上，都难以开展城市社区“微治理”体系建设工作。二是在行政区划调整下新近成立的改制或合并社区。这些社区的前身以农村、城中村为主，多位于城市郊区。这类社区成员的原有生活习惯在短时间内不易改变，成员之间情感淡漠，社区“微治理”的参与意识不强，尚未对社区“微单元”形成稳定的认同感与归属感。

第二，城市社区“微治理”体系的目标责任分散化。首先，“微治理”以更小范围的“微单元”划分参与对象，使居民参与“微治理”的目标微小化。“微治理”强调居民个性化的需求表达，关注“微组织”“微群体”不同需求的满足，对整体性的社区治理与发展的目标关注相对较少，缺乏对社区公共利益的体会与维护。其次，“微单元”之间缺乏协调合作，造成责任过于分散的治理难题。权力下沉基层，在赋予“微治理”主体更大权利的同时，要求其切实承担起相应责任。在治理结构与治理功能转变的情况下，“微治理”主体之间不仅缺乏明晰的责任边界划分，更缺乏“微治理”职责的高效协调与整合，使“微治理”主体之间的治理目标与利益矛盾凸显（王倩、危怀安，2020）。

第三，城市社区“微治理”体系的组织体系不稳定。城市社区“微治理”体系在实际运行中尚未形成稳固的组织体系，表现为：一是在组织之间相互联接上不够紧密，在工作流程、信息传递过程中前后不一致；二是在组织结构和层级关系上较为松散，在某种程度上不利于集权化和政令统一，具有各自为政和相互推诿的潜在风险；三是价值认同度不高，各方对城市社区“微治理”体系建设以及其发挥作用大小的认同度不一。

四、城市社区“微治理”体系面临二次行政化窠臼

在现有社区治理体系中，“微单元”是治理的微观语境与更小单元。城市社区“微治理”体系建设直接影响到基层社会治理的最终成效，甚至涉及国家治理能力和治理体系现代化进程。社区“微治理”的出现，在很大程度上是为了填补由于基层正式自治组织长期处于“悬浮”状态而产生

的自治空间。城市社区“微治理”体系的一个重要作用就是培育社区内部的社会资本，促进“微治理”主体之间的横向连结，调动居民参与社区“微治理”的积极性与主动性①。

然而，在社区治理精细化背景下，城市社区“微治理”体系的建构，为基层政府和居民自治组织提供了能够直接对接居民小组、小区、院落等更小规模治理单元的途径。城市社区“微治理”体系逐渐承担起来自政府部门或基层自治组织的行政任务，成为上级部门的得力助手。在一些地方，城市社区“微治理”体系建设被简单化为一种拉长和增加行政链条的行为，把治理层级向基层延伸，强化国家权力向基层社会的渗透力度。城市社区“微治理”体系的运行异化成为“微治理”工作布置、任务分配、考核评比、监督检查，削弱了自下而上的居民自组织与社群培育连结功能。

城市社区“微治理”体系建构难以跳出二次行政化窠臼的主要原因在于科层体制的管理惯性。一方面，基层政府部门的管理方式以行政命令为主，通过行政、经济、法律、教育等手段推动工作，实施“命令—服从”的垂直式治理方式，依托强大的行政组织系统，通过调动和整合行政资源直接介入事务处理，具有单向性、强制性特征。这一方式的后果就是造成其他治理主体的缺位，甚至形成了两者之间的支配与服从关系。另一方面，社区在长期运行管理过程中形成一定惯性。由于社区有义务服从上级组织的指示，协助上级完成行政任务，这使得社区将更多工作重心放在上级政府布置的行政任务上，对例行事务形成了固定的工作方式，在处理社区事务中沿用传统的行政命令式的管理方式，对社区居民的组织参与和激励调动不足，忽视居民不同看法观点的表达，压缩了居民自治的空间，弱化了居民自我管理的功能。

在直接与间接的管理惯性影响下，城市社区“微治理”体系建设与运行思路在很大程度上将是国家科层制组织体系的延续。在理性合法权力主导下，以增加层级方式向基层渗透，在组织中进行分工，规定“微治理”主体的权利与责任，并将工作任务合法化，以此提升基层社会治理水平，

---

① 徐林，胡冲．把“网络”带回网格［N］．中国社会科学报，2022-11-23（007）．

创新基层社会稳定的维护。由此带来的负面影响是城市社区“微治理”体系的运行成本将会居高不下，其独立性与自主性将会受到考验，政府及其职能部门的触角不可避免地深入“微单元”，使城市社区“微治理”体系异化成为政府委托与发包的对象工具。在实际运行中，来自纵向职能部门的条块治理任务繁杂，表格、信息、材料层层堆积，加大了“微单元”的考核压力。工作人员结构单一，以正式组织体系人员为主，大多数具有行政职务，社区积极分子、社会工作者以及各行各业的热心居民等社会力量参与较少。事务繁杂与精力有限的矛盾使工作人员普遍缺乏对居民事务的了解，逐渐脱离居民所关心的急难愁盼问题。

第五章　城市社区“微治理”体系的完善路径

第一节　以党建引领城市社区“微治理”体系建设为立足点

在城市社区“微治理”体系中，党处于核心领导地位。要坚持党建引领，将党建引领贯穿城市社区“微治理”始终，发挥基层党组织的核心作用，加强“嵌合式”党组织建设，增强政治功能、组织力和凝聚力。在有效引导社区居民需求预期的同时，提升多元主体的持久向心力，实现基层党建与社区“微治理”相互促进、深度融合。以党建引领完善城市社区“微治理”体系须从以下方面着力：

一、制度集成：党建引领融入城市社区“微治理”体系

城市社区是城市基层治理的基本单元，也是居民生活所依托的共同体。城市社区“微治理”要充分发挥党建引领的制度优势，把党建引领基层治理延伸到社区最末端，与城市社区“微治理”体系建设深度融合，完成从组织覆盖到功能覆盖的转变，在已有的权力框架、结构要素、运行机理、实现机制层面，探索建设共建共治共享的城市社区“微治理”体系。一方面，城市社区“微治理”要突出强调基层党组织的政治引领、组织引领、能力引领、机制引领、价值引领、文化引领，加强区域统筹、优势互补、共建共享，通过制度上的配套衔接促进各方力量协同发力；另一方

面，要从基层组织、工作运行、服务赋能、多元治理和支撑保障等方面建立和完善党建引领社区“微治理”的制度化运行机制，有效组织城市社区“微治理”体系中的各方主体，强化“微单元”内党组织对治理资源的系统挖掘与整合，完善党建引领城市社区“微治理”体系建设的体制架构。

第一，加大党建引领城市社区“微治理”体系建设的顶层设计。各级党组织要根据实际情况对辖区内城市社区“微治理”体系建设进行合理规划和具体指导。首先，地方党委应进行统一部署，明确城市社区“微治理”体系建设的目标取向，对相关探索领域制定出设计方案。其次，基层党组织在本地区城市社区“微治理”体系建设工作中要制定具体的实施指导意见，发挥党组织的价值导向作用，明确包括“微单元”管理、党员下沉、单位联建、智慧平台、部门协调等方面的工作重点与职责任务，适当进行社区“去行政化”改革，解决“微治理”体系建设过程中出现的各种问题。

第二，实现党的组织体系全覆盖。各级党组织要做好相关基层党组织的筹建工作，根据实际情况调整健全街道、社区、“微单元”党组织，完善社区“微治理”党组织体系，尤其是新建成的居民住宅小区内党组织的设置。其一，实现社区“微单元”内党的组织和工作全覆盖。设立“微单元”党支部，建立“党员楼栋（楼道）长”“党员中心户”队伍，健全街道党工委、社区党委（党总支）、“微单元”党支部、党小组、党员中心户五级党组织架构，实现基层党组织的纵深发展。其二，选派社区“微单元”党建指导员。推动机关单位党员干部带头下沉社区“微单元”，由社区“微单元”党支部吸纳楼栋（楼道）长、单元长、巷长、自管小组长以及周边企事业单位片长共同参与城市社区“微治理”体系，形成“单元发现、我有所行、条块联动、协同纾难”的治理工作机制。

第三，党建引领助力社区“微治理”活动阵地建设。其一，全面整合物业公司服务用房、小区公共场地等资源，打造“微单元”党群“共享空间”，建设设施齐全、功能完善的“微单元”党群服务中心，为“微单元”党支部、业委会、物业公司和居民共同开展协商议事活动提供服务场所，使其成为推进各类主体关系建构和表达的重要场域。其二，加强场所设施的标准化建设，明确环境、设备、宣传等各方面要求，集成便民公共服务、文化交流互动、党建教育展示等功能，促进社区“微治理”工作开展得规范化、常态化。细化事项材料、工作流程、执行标准，建立“党建+”的标准化工作体系，为推动党建引领融入城市社区“微治理”体系建设提供工作制度保证。

第四，建立党建引领的“微单元”议事协调机制。其一，明确和同步赋予“微单元”党支部的议事权、建议权、监督权和评议权，使其能够参与社区重大事项商议、矛盾纠纷调解、协同管理服务等工作。其二，构建以“微单元”党支部为核心的“微治理”党建联动模式，以“微单元”党群服务中心为平台，促进各个单位、行业以及不同领域的党组织有机联结与融合共建，实现资源共享、优势互补。在“微单元”党支部引领协调下，实现社区出谋划策、业委会监督支持、物业资源共享、党员深度参与、居民共同配合的共建共治共享新格局。

二、整合汇聚：强化基层党组织统筹领导

中国共产党高强度、高密度的组织属性决定了党建引领基层治理的高度整合性。基层党组织在基层社会的覆盖面、组织严密度、吸纳人数、掌握资源等方面最具优势，在联系、组织、动员、服务群众方面具有天然的优势。在城市社区“微治理”体系中，基层党组织要扮演好领导者、主心骨的角色，城市社区“微治理”体系运行要充分发挥基层党组织的制度优势，将制度优势转化为治理效能。基层党组织要更好地参与到社区“微治理”工作中，在新的治理空间积极发挥自身的战斗堡垒作用。

第一，强化基层党组织的自我身份认同和合法性认同。其一，制定“微单元”党组织的星级评价办法。将社区“微治理”的参与度以及取得的成效作为重要参考指标，对“微单元”党组织开展考核评价，增强党组织内部成员的身份归属感与使命认同感，巩固提升党组织自身凝聚力、战斗力，从而为“微治理”的治理主体、资源要素的有效整合奠定强有力的组织基础。其二，强化社区“微治理”党组织的服务功能，增强政治合法性权威。通过开展为民服务活动项目，重视“微单元”成员的民生服务需求满足，实现多元主体之间交往关系与资源要素的紧密连结，从而获得“微单元”成员的广泛认可与价值认同。

第二，提高党员干部密切联系“微单元”的制度化水平。其一，鼓励符合条件的党员进入“微单元”，参与业委会成员、居民小组长、楼栋长和居民代表的选举，带领居民志愿者参与社区“微治理”，推进居民再社会化与社区“微治理”再组织化。党员以群众需求为导向，通过参与并推动“微治理”各项工作开展，确保在符合党的路线方针政策和国家法律法规的前提下完善城市社区“微治理”体系的要素、组织、程序、机制。其二，推动机关企事业单位党员干部向社区“微单元”全覆盖下沉。通过畅通党支部干部与“微单元”居民的紧密联系渠道，及时、全面、准确掌握“微治理”相关人、时、事、物的信息动态，凝聚各方治理主体参与解决“微治理”相关问题，摸排化解群众之间经常发生的矛盾与冲突。

第三，创建“微治理”党建品牌，激发基层党组织活力。党建品牌是党组织各项工作的总结提炼与汇聚升华。要发挥品牌引领作用，创建城市社区“微治理”体系的特色党建品牌，以“微治理”党组织的规范化建设推动城市社区“微治理”体系的标准统一与提档升级。其一，进一步探索社区“微治理”与党建品牌的融合。将品牌创建贯彻到城市社区“微治理”体系建设的各个环节，在解决建设过程中出现的诸多问题的基础上，形成具有独特性、差异性、创新性的典型经验做法及成效，作为“微治理”党建品牌特性。其二，打造党员先锋示范岗，加强党员干部对“微治理”工作重要性的认识。充分调动“微单元”党组织履行工作职责与使命，在为民服务解难题上下功夫、求实效，把“微治理”党建特色品牌创建全面融入日常生产生活，通过“微单元”党建不断凝聚多方力量、统筹整合各方资源。

三、激励驱动：发挥党员先锋模范作用

党组织作用发挥要通过党员模范行动来体现。社区“微治理”具有较强自治性，需要及时处理各类即时产生的信息、事件、需求等细微琐碎问题，这要求城市社区“微治理”体系建设兼顾制度化正式规则与非制度化行为手段。党员干部在城市社区“微治理”体系中能够发挥模范带头作用，应直接参与所在“微单元”的各项活动，甚至主动承担“微单元”负责人职责，深度参与开展各项工作，积极贯彻落实上级党组织决定、决

议、工作部署，还可以探索激活在职党员工作时间以外的贡献力，组织在职党员与“微单元”对接，发挥广大党员的个人能动性。

第一，落实“微治理”单元“两代表一委员”联系群众制度。要充分发挥党代表、人大代表和政协委员的联系广泛、渠道畅通的优势，进一步落实代表和委员定点联系和接待“微单元”群众制度，制定出能够切实见效的实施方案。探索创新党员干部直接联系“微单元”群众的方式方法，完善党员承诺、践诺、评诺工作机制，引导社区居民合理表达利益诉求，及时回应、办理群众咨询反映的事项。

第二，深化在职党员服务“微单元”群众制度。其一，组织“微单元”内警察、城管、律师、教师、医生等专业人士，组建党员志愿者服务队伍，常态化深入开展为群众办实事、办好事实践活动，使“工作在单位，服务‘微单元’，奉献双岗位”成为常态。其二，加强对在职党员开展城市社区“微治理”体系建设的指导培训工作，通过党员示范、党员承诺、设岗定责、志愿服务、结对帮扶、主题党日活动等多种方式，促使在职党员在“微治理”问题解决中发挥更大作用，成为城市社区“微治理”体系建设的骨干中坚力量，用实际行动赢得居民信赖与认同。

第三，创新党员服务群众的方式，拓宽党员服务群众的渠道。首先，社区党组织基于“微治理”单元打造零距离服务点，由社区负责人带领党员志愿者坐班服务居民群众，常态化现场开展政务服务咨询受理、纠纷调解、接听意见投诉等工作。其次，党员干部、统战成员与“微单元”负责人一起协商议事，围绕“微单元”各类大小问题，召集包括工作人员、业委会成员、物业管理公司、业主代表等各方人士，议决日常热点难点问题。

四、多方联动：深度拓展区域一体化党建

2019年，中共中央办公厅印发的《关于加强和改进城市基层党的建设工作的意见》明确提出要构建区域统筹、条块协同、上下联动、共建共享的城市基层党建工作新格局①。城市区域化党建，就是按照区域统筹的理

① 中国共产党中央委员会办公厅. 关于加强和改进城市基层党的建设工作的意见[EB/OL]. (2019-05-08)[2023-3-21].http://www.gov.cn/zhengce/2019-05/08/content_5389836.htm.

念，在一定地域范围内，形成一个统一的领导性党组织，统筹设置基层党组织，统一管理党员队伍。运用现代管理科学和信息技术手段，通盘使用党建阵地，对辖区内包括基层政府、基层群众性自治组织、社会组织、物业公司、企业等各类主体进行政治引领、组织引领、文化引领、服务引领，将纵向党组织体系与横向党组织架构有机结合，形成以社区党组织为基础、其他基层党组织为节点的网络化党建体系。城市社区“微治理”体系建设要深度融合区域大党建合力，整合辖区各方力量向“微单元”下沉延伸，形成纵向建、横向联的“治理链条”。

第一，将城市社区“微治理”体系融入区域党建平台。其一，街道、社区在区域化大党建理念引领下，搭建区域党建协调委员会、党建工作联系会议等区域党建协商组织与议事平台，与辖区内事业单位、商圈、产业链、“两新”组织等结成党建联盟，加强街道、社区党组织与驻区单位党组织的共驻共建、互联互动，深挖区域党建共建联建资源，实现阵地共享、发展联促、活动联办、实事同做。其二，“微单元”党组织要主动借助区域化党建联盟平台，与党建联盟成员单位合作，积极协调争取辖区党建、群团、文体、文博、教育等资源，开展宣讲会、参观游览、学术讲座等活动，促进党建联盟力量整合。

第二，推动“微治理”单元党组织全覆盖。根据社区楼栋分布情况、小区党员数量，按照位置临近、便于管理、规模适当、地域相邻的原则，划分大小不同的“微治理”单元，通过不断延伸党组织触角，实现党的组织和工作全覆盖，进一步强化对社区“微治理”工作的引领力。在此基础上，在党支部书记、主任的指导下，运用群众推荐、组织推荐、居民推荐相结合的方式，从本单元居住的思想觉悟高、群众基础好、热心服务群众、协调能力强的老党员、退休干部、社工、志愿者、党员家庭中推选产生党员中心户，明确其联系党员、服务群众、政策宣讲、沟通教育等日常工作。

第三，拓展“微单元”党组织区域联建形式。其一，以区域化统筹的方式重新组织分散孤立的治理主体，将党组织、人员信息、项目数据等各方面党建资源要素整合到区域党建体系中，将文联、机关、企业等行业单位党组织融入社区“微治理”服务。落实“多网合一”“一网联动”，打破传统单位制党建的封闭状态，推动形成具有较强聚合能力的社区“微治理”结构化组织网络。其二，强化“微单元”党组织的统筹协调功能，创新“机关+‘微单元’”“企业+‘微单元’”的联建形式，以联建活动为载体，注重联建内容与实效。通过结对共建、联合开展党建活动、“双向认领”“双报到”等方式，建立经常性的协作、交流、联动机制，打破各领域党建工作封闭运行、条块分割的局面，实现“微单元”党组织规模、资源、优势的重组扩大。

第二节 以实现城市社区“微治理”体系需求满足为驱动力

实现精细化、个性化、定制化的社区居民需求满足，是城市社区“微治理”体系建构的源动力。这要求居民能够根据自身意愿与偏好，通过一定渠道合理表达有关生活服务、个人利益、社区福祉等方面的诉求。而来自政府、企业、社会的各方“微治理”主体，在对居民需求充分感知的基础上，凭借行动资源与能力，将需求满足作为实践动力实现城市社区“微治理”体系的持续运行。以需求为导向加强城市社区“微治理”体系建设，应从需求提取、供需对接、项目参与等方面提升城市社区“微治理”体系的需求满足能力与效能。

一、需求提取：强化需求收集途径

要加强需求收集的针对性、准确性、有效性，在日常生活中善于发现居民“微需求”，畅通居民利益诉求表达渠道。社区居民的“微需求”主要集中在生活帮扶、兴趣爱好、教育培训、提升学习、志愿服务、问题咨询、居住环境等方面，要在全方位分析居民需求的基础上及时回应与对接协调，提升居民对社区事务的关注度与参与度，实现公共资源的公平、均衡、合理配置。

第一，建立常态化居民需求收集响应机制。首先，设立需求管理工作专班，通过线上平台、线下途径、电话热线等渠道，动态收集并协调解决居民相应需求，定期梳理制约城市社区“微治理”体系建设的突出问题和老百姓反映强烈的合理诉求，真正把“微事务”解决在“微单元”中，使矛盾化解在“微单元”内。其次，加强“微单元”与居民的沟通联动，畅通信息传递机制，明确日常生活沟通、政策交流学习、紧急事件协商等方面的工作流程和效果评价标准，实现“微治理”核心群体在疑难“微事务”解决过程中信息的及时反馈。最后，依据居民需求的分类处置原则，对收集到的群众需求进行分类整理，简单需求即知即办、一般需求社区研办、难点需求党建联席单位共同办，“微治理”单元将任务分解，上报难点问题，号召党员干部认领任务或将任务分派至党员骨干，确保居民需求得到快速响应处理。

第二，引导居民合理化表达以形成议题。居民有序参与、有组织地表达需求，有助于增强居民之间的向心力、凝聚力与关怀意识，对于提升社区认同感至关重要。然而，不同主体的参与动力与参与程度不同，导致“微治理”事务的协商对话成效存在差异。因此，社区要建立“微治理”议题收集机制，动员党员骨干、社区工作人员、积极分子、志愿者、小组长、楼栋长开展“敲门行动”，主动上门调研摸清涉及居民切身利益、反映强烈的议题，最大限度吸纳社情民意。对居民反映的问题进行梳理整合，依据重要性、紧迫性、现实性分析确定重要议题，由“微单元”负责人对议题的内容与解决方式给予回复并做出正式承诺。

第三，拓展民情民意收集的组织化渠道。其一，依托基层党组织体系，在社区两委、居民代表大会的基础上，成立“幸福表白会”“幸福会客厅”、居民理事会、邻里互助小组、楼栋治理委员会、居民小组等协商议事组织。其二，通过民情恳谈会议、党员联系群众、日常网格巡查等渠道，以及工作人员反馈、群众自主反馈、上级部门派单等方式，促使居民更好参与协商沟通相关事宜。其三，成立工作小组进入居民生活圈，号召网格员“码上议事”、志愿者开展入户走访活动，将收集到的居民需求反馈至“微治理”工作人员。运用精确发现、分类汇总工作法，对收集到的居民需求进行具体分类汇总，同时关注独居老人、空巢老人、残障人士等特殊困难群体的需求。

第四，充分利用传播媒介收集需求。采用“线上+线下”相结合的方式，多途径广泛征集居民的“微心愿”“微诉求”“微建议”，并及时归类整理，明确服务方向。其一，利用线上互联网拓展信息收集渠道，包括微信公众号、微信群、QQ群、微博、网站留言专栏、短信平台等途径。例如，可通过成立“社区政策发布群”“楼长群”等微信工作群，或者开发“党群G+”小程序等方式，引导居民线上自主填报社区需求，高效便捷广泛地收集群众需求及意见。其二，线下则可依托实地走访、调查问卷、开展座谈会（恳谈会、坝坝会）、志愿者服务、广场集中征集、网格员入户征集居民意见等形式获取信息，通过社区茶馆、楼长信箱、开设需求墙（宣传栏）、设立意见征集箱等服务载体，广泛收集、整理居民各项需求，明确问题责任并推动解决方案落实。例如，社区工作者可以开展调研活动，发放问卷采集相关服务需求。针对“微单元”居民不同群体特征设计问卷内容，可线上发布调查问卷，也可召开居民大会现场填写，或分组走访开展实地调研访谈。通过邀请居民参与需求调研，鼓励居民积极踊跃表达意见诉求，在分析调研数据的基础上形成工作报告，设计未来开展工作的计划方案，从而为居民提供更加精准、优质的服务，提升社区“微治理”水平。

二、供需对接：创新需求整合模式

居民需求有隐性与显性、缓和与紧迫之分。在适当的激发与引导下，居民的隐性缓和需求会转向显性紧迫需求，从而缩短共同需求形成的时间，促进“微单元”共治形成（梁贤艳、江立华，2020）。社区“微治理”开展应在创新整合居民需求过程中，灵活匹配、协调各类资源，避免传统单向化、刚性化的公共服务与物品供给方式导致的资源浪费。要在收集、整理居民需求的基础上，形成点单、派单、接单的三单制需求整合模式，降低末端公共事务治理成本，满足“微治理”成员对公共资源的差异化需求，打通服务居民的“最后一米”。

第一，可采取清单制摸清资源基底。居民需求整合的前提是明确“微单元”的资源优势，要扎实深入开展调研，全面摸清辖区内各方资源。其一，明确辖区内党组织、居委会、物业公司、业委会、社会企业、驻区单位、社会组织、志愿者等各类主体能够提供的各类服务资源，汇总形成辖区资源清单。其二，以党建引领为核心，充分发挥“五社联动”机制优势，连接、盘活辖区党建资源、驻区单位资源、公益慈善资源、志愿服务资源，精细化、专业化满足居民需求，提升社区“微治理”资源的利用效率。其三，在“微单元”党组织领导下，由“微治理”骨干成员定期开展需求调研，及时调整优化服务项目、服务内容，确保服务供给优质、高效。

第二，以居民点单方式收集不同需求。按照符合政策、精准匹配、具备条件、便于实施、常态长效的原则，聚焦居民关注的“急难愁盼”问题，注重分析“微单元”内不同群体的需求特点，在统计分析各类需求的基础上进行筛选、梳理、归类，与辖区资源进行精准对接，并考虑服务主体能力，对实施内容、预计成效进行综合研判，制定出居民需求的供给清单，促使“微治理”后续服务供给更加具有针对性、有效性。

第三，采取接单形式匹配对接居民需求。首先，通过召开民生实事协商会议，由街道、社区与“微单元”集体讨论研究后，拟定服务对象、服务事项、服务主体等信息，同时与服务主体进行充分沟通，制定并发布“微治理”特色服务清单。其次，通过社区“微治理”智慧服务平台发布服务清单，居民群众结合自身需求，根据服务清单进行点单，由驻区单位、社会组织、在职党员、居民个人等服务主体接单、选单。再次，社区与“微单元”通过不同途径对服务清单进行公示，服务主体对其派发的服务清单进行确认，主动与服务对象联系，制定实施计划，如约提供服务。最后，上级部门做好服务清单的统筹落实，必要时进行沟通协调、跟踪督导，确保服务事项件件有回音、事事有着落。

三、立体参与：科学规划“微治理”项目

项目制，指依据事先约定的时间和可调度的资源，借助一定的组织载体完成一次性任务的动员和组织方式。项目制的运用，能够克服科层体制组织结构的弊端，优化公共资源配置。以“微项目”撬动“微治理”，通过项目的征集论证、实地调研、现场参与，能够精准把握利益关系的交汇点与群众矛盾的聚焦点，有效破解居民参与度低、“微治理”成效不佳问题。上级政府部门以项目制为载体推进城市社区“微治理”体系建设，有

助于舒缓行政集权与居民自治之间的张力，在减弱社会组织、专业团体、社工机构等主体行政化倾向的同时，赋予“微单元”居民个体、自组织更多表达权、决定权、行动权、监督权，激发“微治理”各方主体的积极性，为社区“微治理”开展增添活力（尹浩，2016）。

第一，全面收集整理居民“微心愿”。首先，社区“微治理”项目要以居民日常生活需求为出发点和落脚点，全面考虑不同群体的多样化需求，既包括社区居民个体的“急难愁盼”问题，又涵盖“微治理”整体的热点难点痛点议题。其次，社区在供需对接中运用项目制，将工作人员通过各种途径收集到的具有普遍性、大众化的居民需求，绘制成资源清单、供给清单、服务清单。在此基础上设立“微项目”，各方“微治理”主体立足自身优势认领“微项目”，确保“微治理”项目实施能够全面惠及不同群体。

第二，发挥“微平台”支持转化作用。这需要打造街道、社区服务主体枢纽型平台，以“普适性增能”与“精准性督导”相结合的形式进行全过程陪伴式治理。一方面，遵循自发性、便捷性、程序性原则，扩充聚集“微项目”实施的社会资源，吸纳市场主体和社会资本参与城市社区“微治理”体系建设，通过上下联动、领域互动的方式，积极发动相关行政部门、驻区单位、社会组织、社会企业、精英骨干、社区居民等共同参与社区“微治理”事务；另一方面，以公共服务项目为牵引，制定社区“微治理”章程、社会组织发展方案，完善企业理事会参与机制，协同不同部门、不同组织开展不同性质事务的具体合作，避免上级行政部门对“微项目”开展干预过多。

第三，创新设计民生服务“微项目”。首先，社区要依照服务对象、问题需求、实现目标、服务计划的环节设计“微治理”项目的技术内容。其一，“微治理”项目的服务对象要明确具体，包括组织和个人，要在法律法规、政策文件、实施方案规定的范围之内，在“微单元”内占有一定的数量或比例，面临相同问题、具有较为一致的服务需求。其二，要准确找出并厘清“微治理”项目所要解决的核心问题、重点问题以及次要问题，剖析可能导致问题出现的诸多根源，分析问题将会造成的不良影响。其三，明确满足服务对象需求应达到的标准条件。分析为满足和解决服务对象的问题需求，“微治理”项目开展应达到的目标、实现的状态。在此基础上，选择恰当可行的实施方案。其次，在“微治理”项目的立项执行环节，一方面，社区要通过规范项目发布、确定执行、机构落实、结项评估、意见反馈等步骤来规范资金使用；另一方面，社区要建立健全项目跟踪、现场督导、日常调度、经费拨付等工作机制，加大项目实施的督查指导力度，加强特色“微治理”项目实施的交流学习，及时总结项目实施的成效意义，提炼居民参与社区“微治理”项目的优秀案例与典型经验做法，确保“微治理”项目开展不断取得阶段性成效。

第三节　以完善城市社区“微治理”体系构成要素为关键点

城市社区“微治理”体系的两大核心维度是体系构成要素与要素之间的关系理性。“微治理”开展过程中要围绕特定目标，对所涉及的各种要素不断进行有机组合、动态协作，从而使其构成城市社区“微治理”共同体。因此，全面具备各个构成要素是城市社区“微治理”体系建构与运行的必要条件。打造城市社区“微治理”体系，就是在城市社区“微治理”场域中把握、嵌合体系构成要素的过程。

一、凝心聚力：凝聚“微治理”目标价值共识

城市社区“微治理”体系的顺畅运行，需要多方治理主体确立并遵循正确的价值理念，大力形塑“微治理”共识与行动取向，通力协作推动城市社区“微治理”体系朝着一定目标前进；需要从内外部环境着手，运用包括政府在内的多种力量，从内容、过程、方式上助力形成城市社区“微治理”体系的目标价值共识。

第一，在价值理念塑造方面。其一，要增强集体主义价值导向，转变个体把参与公共事务视为获取最大化私有利益的个人主义目标，正确处理个人价值与集体价值之间的关系；其二，树立“社区是居民的”这一认知理念，提高不同主体的包容互鉴意识，以共同的价值认知逻辑促成集体行

动；其三，转变“微治理”主体对自身的被动角色感知，强化主动参与意识，形成具有实践理性的权利主体意识、权利认知意识、权利实现意识，提升“微治理”主体参与“微单元”公共事务的认知高度。

第二，在价值共识凝聚方面。其一，要重视和加强对居民主体性、能动性、积极性的充分尊重与调动，促进居民通过平等合作对话、积极协商的方式自行解决关涉自身权益的“微治理”公共事务。其二，分析居民自身资源与自主治理的意愿，选择更加合理的治理手段。根据“微治理”参与主体的不同特征，充分考虑“微事务”的临时性、非规则性，将“微矛盾”症结化解融入城市社区“微治理”体系的价值共识凝聚。其三，唤起居民的主人翁意识，使其将自身视为“微治理”单元的主人，将“微治理”事务看作自己的“家务”，动员促进居民参与的自觉性，在参与过程中形塑共建共享、公开可及、协商讨论的价值目标，从而营造有利于城市社区“微治理”体系运行的价值氛围。

第三，在核心目标达成方面。其一，通过组织不同“微治理”单元居民相互学习交流，或者赞助支持部分资金、人力、物力等方式，分摊部分集体行动成本，对居民集体行动进行合法性确认，拓展居民“微治理”网络，增强居民信心。其二，着眼于公共事务与服务的协作，为“微治理”输入外部权威，行政化主体给予专业指导，帮助评估方案可行性，促进居民形成方案。其三，兼顾实体生活与虚拟生活，开展邻里活动，延展并织密民众关系网络，改善和丰富社区人际关系，为“微治理”营造有利的社区人际氛围（谢秋燕，2020）。其四，打造民众生活的非正式组织，为增强人们的政策观念、法治意识和获取信息的能力奠定丰富的组织基础，使之成为重组关系、沟通信息、分配事务、共享服务的孵化器和推土机。

二、多元自主：提高主体合作参与能力

通过进一步的资源下沉、重心下移，加强基层治理主体特别是村居两委的治理能力，要适当减少国家对基层社会治理的干预，向市场和社会放权，减少政府对微观事务的控制与管理，为基层自治共治留出更加广阔的空间。精细化治理是社区“微治理”的内在要求，要坚持实事求是、因事制宜、因人制宜原则，以群众需求为出发点，强化“微治理”主体的自主

性，加大对“微单元”、社会团体、居民个体的赋权力度，提升不同主体之间的合作意识与协同能力。为社区“微治理”主体提供更多可供选择的参与方式，给予积极参与并取得成效的“微治理”主体一定的荣誉奖励，使其更好地表达自身意愿想法，获得更大程度的满足感，从而带动更广泛的“微治理”主体自发融入城市社区“微治理”体系。

第一，明晰主体角色定位，协调主体权责分配。社区“微治理”主体涵盖基层党组织、基层政府、街道办事处、居民委员会、社会组织、志愿服务组织、物业公司、业主委员会、居民群众等具有不同功能的组织和个人。在社区“微治理”网络中，明确主体权责定位，是推动“微治理”主体之间良性互动的前提条件。城市社区“微治理”体系的“微单元”自治能力的孵化关键在于多元主体的共同参与，不论是“微事务”开展、“微活动”参与、“微项目”推进，还是利益博弈、矛盾化解、成果共享，都基于对不同主体角色的聚焦与落实。具体而言，基层政府应主动承担平等协商、监督辅助的治理责任，在社区“微治理”中提升政策引领、价值引导的责任义务，负责引导、审批、带领“微治理”主体实现政策目的，在城市社区“微治理”体系建构初期进行调适与投入。作为基层群众性自治组织，居委会是落实城市社区“微治理”体系建设资源传递、政策执行的重要一环，应充分发挥其统筹作用，既考量社区整体层面的城市社区“微治理”体系建设进展，也要有针对性地加强对不同“微单元”的资源倾斜。“微单元”内的自治管理主体，例如业主委员会，是“微单元”居民共同选出维护自身权利的组织，应规范其自治监督、协调、回应的责任。社区营利性组织，例如物业公司，应不断强化公益性责任，为“微单元”各种事务的开展提供相应配套服务。社区非营利性组织要不断提升其公共服务水平，积极承担社会协助的责任。社区“微治理”精英骨干，包括楼长、网格长、单元长、小组长等，要强调其公共伦理价值的主体自觉，实现由监督性责任意识（权责匹配）向内生性公共精神的转变。居民作为“微治理”最为主要的参与主体，应充分保障其自主表达、自由选择的活动空间。

第二，强化多维深度赋权，创新运用赋能技术。其一，将参与权、审议权、决策权、监督权等社区“微治理”相关权利赋予社区居民，使社区居民获得高度自主性，这样更能够激发居民的权利意识，从而积极地参与“微治理”公共事务，实现居民诉求与“微治理”服务的无缝对接。其二，运用具体可行的赋权途径与赋权技术，根据不同情况选择适合的赋权途径。基层政府可依托并赋能“微治理”组织体系，互联互通不同社区工作站、打造一站式服务中心，通过多元化组织载体建设，实现“微治理”结构的规范化、精细化，促使居民参与更加有效、更具有操作性。其三，利用“开放空间”技术，开发智能化线上综合服务 APP，提升社区“微治理”的主体包容度、内容精细度、形式特色度，调动社区居民参与的主动性、积极性（汪仲启、周彦如，2022），释放城市社区“微治理”体系运行活力。

第三，提高参与意识，扩大参与群体。其一，要强化居民骨干在“微治理”中的标杆示范作用，发挥居民骨干在群众中的桥梁纽带作用，能够唤起居民参与“微治理”公共事务的意识，强化居民对自身行为的责任与担当。其二，扩大社区“微治理”参与的群体数量规模，加快“微治理”自组织的成长速度，配备不同年龄、不同性别、不同收入的服务人才，才能畅通“微治理”主体之间的协商交流、有效沟通，避免主体之间合作缺位而产生的治理碎片化，促使城市社区“微治理”体系在良好的沟通环境中蓬勃发展。

第四，提升沟通能力，培养尊重互信。其一，遵守求同存异的处事原则，在进行“微事务”协商时，遵循自愿参与、公开讨论、互相尊重、及时反馈等原则，及时关注、化解日常交往中的小矛盾、小纠纷，不断增强居民对“微治理”参与权利与参与责任的感知。其二，增加“微治理”主体之间的沟通频次，扩展沟通渠道，在利益博弈中培养“微治理”主体之间的包容意识，提高社区居民的社群观念。在常态化的问题处理、矛盾化解、意见表达的过程中，增进居民参与社区“微治理”的认知体验，从而提升城市社区“微治理”体系制度运行的持久约束力。

三、信息赋能：优化数字技术工具应用

智慧化、信息化工具能够将“微治理”空间内分散、隐性的力量集中起来，为社区“微治理”力量的壮大提供新的可能性。社区要发挥当前社

区智慧化治理在动态监测、服务评估、程序调适、标准制定等方面的作用，运用数据进行精准管理、科学决策，第一时间发现矛盾并找到问题症结，减少由于信息不对称而出现的信息失真的情况。

第一，强化技术平台的功能整合。基层政府要运用大数据、互联网、人工智能、物联网等数字技术工具助力城市社区“微治理”体系建设，通过强化社区“微治理”服务技术手段，推动城市社区“微治理”体系的智慧化、科学化、精细化。其一，将“微单元”内所有人员、地点、设施、事项、组织等要素，以及各种服务、医疗、治安等事项全部有规则地纳入技术平台（李璐，2018），整合纳入需求反馈、事项进展、意见建议、政务服务等多项功能，减少“微治理”工作人员信息报送负担，提高“微治理”的运转效率，突破“微治理”参与在时间与空间上的限制，最大程度激发各个年龄段群体的参与热情。其二，规范社区“微治理”信息的采集、开发、应用，推动社区“微服务”相关信息整合并实现标准化、可视化，打破数据流通条块分割现状。“微单元”负责人不仅能够通过数据技术平台发现、分析、解决、反馈“微治理”问题，为居民提供全方位、差异化、便捷化的服务与帮助，还能够广泛搜集、识别居民繁琐、碎片化的现实需求表达。

第二，建设三个社区“微治理”数字平台。社区要在数据分析管理的基础上，搭建专业化、协同化网络“微治理”平台，提高主体数据决策创新能力，提升城市社区“微治理”体系的运行效率。一是后端数据信息平台。社区要依托政府信息数据中心，设立“微治理”信息网络平台，整合城市社区“微治理”体系中的碎片化信息（谢正富，2016），对于活动类、项目类、服务类、设施类等不同类型的“微事务”分别建立差异化的办理方法与环节。二是居民交流开放平台。社区要借助互联网搭建多样化、个性化、灵活化的交流沟通平台，畅通民意表达渠道，活跃“微治理”文化氛围。联结公告栏、微信公众号、手机 APP、微信、微博等媒介（谢正富，2016），向相关协商小组、社会组织、志愿服务组织、物业公司等主体开放端口，为居民的社会参与提供丰富渠道，实现各类信息的智能推送、数据分析、环境感知。三是智能化“微事务”处理平台。在“微事务”的线上处理方面，通过设置更加专业化、流程化的运行模块，衔接

“微事务”的发起、申报、提交、审核、处理、结果、评估等不同阶段，优化信息往返程序，明确办理权限与决策时限。在“微单元”环境设施维护方面，社区可发挥智能化平台的作用，相关公共设施的安稳运行可通过平台进行传感预警，使用微信群、QQ 群、APP 等工具就环境地面绿化、集体资产管理、活动项目开展、公益事业参与等民生类事务与居民保持紧密联系。

第三，保障数字工具的可及性。其一，线上平台应打通政府部门、街道、社区、物业公司、业委会、社会组织等“微治理”组织之间的对话通道，最大限度地向社区、院落、楼栋、网格进行覆盖，将触角延伸至“微单元”内的每家每户，避免传统组织结构下层级化信息反馈的弊端。其二，就部分居民的特殊情况，对线上互动平台进行相应的功能适配。对于接触和使用数字平台有语言或技术方面障碍的居民用户，社区应配套上门服务、指导关怀等人性化的定制服务，实现差异化的数字工具适配建设。其三，配备专业人员负责日常监测、信息分析、故障处理、安全维护等工作，保障数字技术平台的顺畅运行。以通信网络、办公自动化、信息集成、端口接入等储运装载设备为载体，尽可能做到“微单元”人、事、物立体化线上平台的互动监管，最大限度减少“微治理”主体参与“微事务”的时间、空间、方式等方面的条件约束。

第四，关注数字工具的信息道德隐藏风险。在数字工具使用过程中，由于事先已经通过相关行政性主体的同意并获得其赋权，居民容易降低网络安全防范心理，导致由黑客攻击、系统错误、使用不当、工作人员疏忽等造成的信息泄密问题。因此，要加强“微治理”参与主体的个人信息隐私保护。一方面，加大对科技开发公司的监管力度，明确数字工具使用过程中不同阶段的责任主体，消除责任分工盲区，减少个人隐私贩卖、个人信息泄露的可能性；另一方面，运用第三方检测评估，择优选取安全性、友好性、隐私性等兼备的“微服务”APP 引入城市社区“微治理”体系，在有组织、有规则的前提约束下获取相关使用权限，杜绝没有经过安全检测和实验的信息系统和程序直接投入使用。

四、共同关系：培育“微治理”文化情感氛围

城市社区“微治理”体系建设的关键环节是将社区整体进一步划分为

若干“微治理”空间单元。“微单元”内居民数量较少，邻里之间联系更紧密，能够使群众聚合在一起就共同关心的问题进行分析、讨论、磋商，消除分歧，达成共识，形塑“微治理”共同体的凝聚力与向心力。首先，在长时间交往的基础上，“微单元”成员之间逐渐形成大家较为认同、共同遵守、相对稳定的价值共识，成员之间的关系愈发紧密进而形成一个熟人社会。其次，在社区“微治理”开展过程中加入文化、情感等软性因素，培养居民对“微治理”的融入感、认同感、归属感，与“微单元”建立情感纽带，促使“微单元”具有活力和强大生命力，实现城市社区“微治理”体系运行由内而外的提质增效。

第一，激发城市社区“微治理”体系运行的内生情感动力。其一，开展丰富多彩的文娱活动，注重居民之间的情感互动。充分考虑社区居民个人的特质特点、实际诉求等，通过举办最美家庭评比、公益之星评比、邻里互助小组、老人集体庆生、才艺表演、厨艺竞赛等活动，催生“微治理”成员之间的共同意识、共生关系，消除居民之间的隔阂，打破低信任度的僵局，增强居民参与“微治理”的价值认同。其二，借助社会组织的外生动力，打破邻里之间的信任坚冰，进行深层次的情感交流。通过在居民安全保障、情感归属、交往尊重、价值实现等方面巩固并提高内在驱动力，在满足个体不同层次需求的基础上，挖掘自身潜能、实现自我价值。由外力介入促成的内生动力生发，调动社区自我发展的内在力量，提升居民对社区“微治理”的获得感、幸福感。总之，通过由外而内的赋权与由内而外的互动行为，培育居民主体性意识，深化个体参与的充实度，从而通过内在性认同来产生持久性合作源动力。

第二，以美好共同记忆促进居民之间畅通合作。其一，通过物质载体的保护营造社区居民的精神空间。通过创造活跃、美好的“微单元”生活环境，寻找“微治理”文化的共同记忆与地方文化特色，促进社区居民的情感交流，凝聚以公共利益为基础的“微治理”意识。通过改善社区景观风貌、美化建筑空间等一系列空间“微更新”活动，为居民之间的个体交往提供机会和条件，增进不同群体之间的了解度、亲密度。其二，以文化人，梳理当地特色文化，挖掘与保护社区的情感记忆。依托爱国主义文化，将社会主义核心价值观融入社区“微治理”文化，提升“微单元”的特色吸引力，自觉增强集体主义观念、历史文化积淀、中华文化感召力。以“微治理”文化作为重构居民情感纽带的精神载体，将其渗透到居民的行为之中，建立社区“微单元”与居民的文化情感软连接，推动居民实现从旁观者到融入其中、成为推动者和建造者这样一个身份的转变。

第三，运用“圈层”思维改善“微单元”人际关系。“微单元”的重要发酵因素在于小群体的人际关系，居民在长期生产生活与人际交往中所形成的非正式制度，对于群体之间的人际交往具有弹性化约束激励作用。其一，激发热心党员服务群众、自我实现的意愿，运用老街坊、老邻居、老熟人的人际优势，发动更多居民参与邻里互帮互助服务，增强邻里之间的亲近感、安全感、信任感，从而强化“微单元”整体利益的共建共享，赋予城市社区“微治理”体系更为牢靠的群众基础。其二，在社区“微单元”内，运用职业、生活、学习、兴趣等不同人际关系圈层，在“微单元”建立各类文娱活动小组，开展各类邻里活动，增加互动对话的频率，拓展人际交往的渠道，建立“熟人共同体”，从而营造“微单元”人际关系情感氛围，强化居民对社区“微治理”的心理认同度与社会支持度。

第四节　以健全城市社区“微治理”体系制度体制为突破口

建章立制，是城市社区“微治理”体系建设的根本基础，也是体系运行与各方主体参与的前提依据。进一步完善城市社区“微治理”体系，须从制度化建构上寻求突破。这要求地方政府及职能部门结合治理情境与权力结构，制定更具有针对性、专业化、差异化的地方政策，从而为城市社区“微治理”开展提供政策引导与支持。

一、规则清单：明晰主体责任利益边界

社区“微治理”开展是行政力量与自治力量此消彼长的调适过程，主体之间的合作博弈是影响城市社区“微治理”体系有效运行的重要环节。要在制度层面完善具体规则，通过制度设计规范对微小群体的整合、微小

事件的解决、微小矛盾的化解。运用动态性、理性化规则调整权力运行、组织建设、主体角色、功能发挥等方面的内容。

第一，厘清基层政府与基层群众性自治组织的权责边界。其一，制定基层政府在社区“微治理”方面的权责清单，进一步规范职责权限范围，明确政府角色的“限度”，防止破坏“微治理”的弹性。对于不同部门之间的权责边界进行正式制度上的规定，依据城市社区“微治理”体系的参与环境、参与主体、参与成效及时调整、删减、补充，增强社区“微治理”的制度灵活性与规则包容度。其二，减轻基层群众性自治组织的工作负担与考核压力，明确社区工作事项的承担清单、协助清单，使本应由基层政府承担的职能任务回归本位，取消“责任状”、分解指标、考核验收等不合理方式，缓解由于基层政府转移任务、转嫁责任而导致的基层群众性自治组织过度行政化问题。

第二，增强条块职能的协同性，凝聚社区“微治理”的推进合力。其一，坚持条块结合、以块为主的原则，明确职能部门、驻街机构与街道社区在社区“微治理”中的权责边界，理顺基层党组织、居委会、业委会、社会组织、物业公司、社区居民等不同“微治理”主体的条线功能。依法赋予街道综合管理权、统筹协调权、应急处置权、行政执法权，强化其对涉及本区域重大决策、重大规划、重大项目的参与权与建议权，同步推进资源配置下沉，保障社区“微治理”主体的活动空间。其二，通过制定一系列的居民公约或具体规则来约束主体行动，细化重点内容、行动事项、奖励处罚、等级标准等内容，明确规则公约运行中的责任主体、执行主体、监督主体等工作规定，提升参与组织或个人的规则意识以及执行规则的能力。

第三，明确利益互动的整体性双向规则模式。其一，协调不同主体之间利益目标的差异性与共性，在主体利益之间寻求平衡，避免产生主体利益的矛盾与冲突。遵循成本平均、收支匹配、权责发生的原则，使“微治理”主体的付出与收益成正比，避免利益差距扩大造成“微治理”主体之间的矛盾冲突。将投入的各类资源与多样化群体的差异化诉求进行有效匹配对接，增进社区“微治理”主体的利益公平性与参与能动性，增强社区居民参与“微治理”事务的理性驱动力与持续性动能。其二，完善社区

“微治理”主体责任机制与容错机制。一方面，颁布相关主体管理责任的制度或规范，尽可能明确、细化成本分摊与职责要求，明确各主体的分内之事、应尽之责。在“微治理”事务协商议事过程中，提高“微单元”参与主体的责任伦理价值意识，在规则约束与实用导向下，保障不在场主体的利益不受损害。另一方面，进一步创新灵活有效、包容审慎的容错机制，激励“微治理”核心主体积极创新、积极服务，在“微治理”活动开展中形塑不同性质参与主体的行事逻辑。同时，通过灵活的惩罚性措施规范负面行为，防止出现个体私利化倾向膨胀削弱公共利益的情况。

二、活化联结：提供物质人力资源保障

建构城市社区“微治理”体系并非建构一个完全自发独立的行动场域，大量“微治理”行动在国家资源的催化中产生（汪仲启、周彦如，2022）。城市社区“微治理”体系的有效存续与特色保持既需要来自国家层面的资源投入，还有赖于国家权力的适度收敛。这要求统筹配置城市社区“微治理”体系建设所需要的各种治理要素、资源和关系，加强和协调城市社区“微治理”体系边界内外的关系协同，促进外部资源输入与内部需求契合的有效衔接。

第一，基层政府应充分发挥自身的统筹整合作用，盘活存量资源，提高利用效率。其一，要统筹合理使用各级政府部门投入城市社区“微治理”体系建设的项目资金，在地方公共财政预算支出的基础上，适当加大各类资源投入，保障社区“微治理”开展的硬性条件。其二，发掘盘活社区“微治理”的内生资源，依托社区层面的居民服务阵地进行资源孵化，引进、吸纳城市社区“微治理”体系的外部资源，注重创新资源整合的方法手段，把分散于社区各个领域的物质资源、人力资源、组织资源、文化资源进行汇总，形成共促城市社区“微治理”体系高质量发展合力。

第二，加大全社会资源的引进力度。首先，应构建地方政府的资源整合共享交换平台，促进辖区内管理资源、信息资源、服务资源、社会资源的拓展汇聚，根据基层需求与现实条件促进资源开放共享，加大人力、物力、财力资源向社区“微单元”的投放力度，促进城市社区“微治理”体系整体的协调发展。其二，上级政府应统筹组织对社区“微治理”工作人

员的培训交流，提升专业技能、服务能力以及沟通交流能力方面的综合素质，打造一人通办、有问必答、一专多能的专业社区"微治理"工作者队伍。其三，建立多元化的社区"微治理"资金投入机制，积极动员辖区有能力的企业、慈善力量、社会组织、居民个人等各类社会力量，引导财力资源向社区"微治理"领域投入。

第三，设立社区"微治理"基金，建立专业化资金监管体系。其一，地方政府应出台支持"微基金"发展的政策规定，鼓励相关部门通过职能转移、以奖代补、项目运作的方式大力扶持"微基金"发展（谢正富，2016）。基层政府应将上级政府有关"微治理"基金的决策部署及政策文件全面贯彻落实，制定具体可行的本土化实施方案。其二，设立专项基金经费池，基金可用于社区服务、公益项目、慈善资助等领域，与社区"微治理"的优势资源、创新领域相结合，提高资金经费使用效益。此外，要成立"微基金"管理监督委员会，明确"微基金"的投放方向、投放标准、运营监督等职责，在日常监督、长期监督上创新，运用现场监督与非现场监督、定期监督与不定期监督等方式，确保"微基金"安全高效运行。

三、逐级联动：建立矛盾纠纷化解机制

城市社区"微治理"体系通过划小治理单元形成"微单元"，成立志愿者服务队、邻里互助小组等"微组织"，形成纵横交错式的密集治理网络，有效弥补政府治理与基层公共服务的不足，为防范基层社会矛盾的产生、抑制基层社会矛盾的发展起到安全阀的作用。在城市社区"微治理"体系运行过程中，主要存在社会矛盾、工作矛盾、利益矛盾等类型，矛盾产生具有普遍性、重复性、日常性的特点，内容涉及意气之争、观念冲突、事实是非，甚至牵涉到法律内容，需要具有行业性、专业化的工作人员进行处理。因此，需要针对社区"微治理"开展的实际情况构建一整套矛盾纠纷化解机制，应对日常生活中需要第三方介入调解的矛盾纠纷，从而就矛盾纠纷的源头预防发挥独特作用。

第一，发挥社区"微治理"的源头预防、前端化解作用。其一，健全"微单元"信息公开机制，推进决策公开、执行公开、结果公开、管理公

开、服务公开、渠道公开的工作制度，完善公开发布、公开讨论、公开评议的闭环式沟通流程，强化社区“微治理”的参与度与民主性。增强居民对社区“微事务”的监督意识，提升参与讨论的可行性与可及性，助推形成常态化参与模式。其二，重视与矛盾纠纷相关的社情民意的日常把握，加强信息反馈与分析研判。充分利用党员干部、居民小组长、楼长、志愿者、物业人员等具有正式地位的社区“微治理”积极分子及时了解具体现状，充分收集相关信息、了解问题根源，为实质性化解矛盾纠纷奠定基础。对于专业性、技术性较强的矛盾纠纷，应建立多方联动的矛盾纠纷处置平台，由基层民警、律师、物业人员、技术人员等具有权威身份的行业专业人士运用行业知识对问题进行鉴定和判断，综合处理各类矛盾并寻找可行性解决方案，最大限度厘清当事人责任并促使其认可处置结果。

第二，健全社区“微治理”的社会监督机制。社区“微治理”事务监督，除了对行政性事务的监督之外，更多是对日常生活中“微治理”主体的行为活动、处事规则、处理结果等方面的监督。一方面，要加强城市社区“微治理”体系的社会舆论监督，运用协商、劝告等软性约束方式，发挥“微治理”内部自我监督的“时时与处处”功能；另一方面，通过创新运用多元化监督渠道与信息化监督技术，推动社会监督向深入化、实效化拓展，逐步培育和提升居民的责任意识、监督意识，在“微治理”单元内形成居民之间的参与感、归属感，从而自觉维护社区“微治理”的良性监督氛围。

第三，完善社区调解网络并向“微单元”延伸。其一，成立由法律服务工作者、心理咨询师、社会工作者、律师、公证员、仲裁员等人员组成的社区调解网络人员队伍，在家庭矛盾、邻里纠纷、劳资债务、征地拆迁等重点领域开展工作。由公益性“微组织”开展维护社区秩序、倾听民意、宣传政策法规、帮扶弱势群体等“微服务”，切实将隐患消除、矛盾化解、问题解决。其二，下沉人民调解委员会至“微单元”并成立调解小组，落实人民调解案件以奖代补制度。对依法设立的人民调解委员会以及人民调解员调解成功的矛盾纠纷案件，根据矛盾纠纷的性质、规模、难易以及社会影响等因素，以以奖代补形式给予调解小组及其成员适当的经费补助和补贴，调动其积极性与工作热情。

第四，推动政法力量下沉至“微单元”开展工作。其一，将社区的“三官一律”（法官、检察官、警官、律师）进一步下沉至城市社区“微治理”体系。为法官设立工作室，建立法官坐班轮值制度，定期联络“微单元”进行走访，开展诉前调解工作并为居民提供相关咨询服务。其二，在“微单元”建立诉调对接工作室，与社区诉调对接工作站相连接，派驻特邀调解组织及调解员，形成以法官服务站、特邀调解组织、特邀调解员为辐射点的立体调解网络。其三，建立由派出所、司法所、社区、“微单元”协同参与的调解对接平台，由人民法院与基层党组织对接沟通，共同建立案件诉前委派调解机制，对社区“微单元”调解需求做到有求必应，全力维护基层社会安全稳定。

第五节　以优化城市社区“微治理”体系运行机制为着力点

城市社区“微治理”体系构建的关键在于体系的有效运行。运行机制，是指治理体系运行中所涉及的各个要素之间的相互联系、相互制约、相互作用所形成的组合、互动与循环（史云贵、刘晓燕，2018）。要想充分发挥城市社区“微治理”体系的治理效用，应以协同配合的运行机制凝聚“微治理”合力，保障城市社区“微治理”体系发挥主体功能。

一、提升效能：健全城市社区“微治理”体系组织架构

城市社区“微治理”体系建设，除了有效划分“微治理”单元之外，还需着力对原有社区治理结构进行补足调整。在这方面，社区“微治理”通过成立和完善各类“微组织”，向社区内部深入拓展形成整体性网络，强化社区“微治理”的上下互动，使其具备一定的独立性与自治性，实现城市社区“微治理”体系运行架构、制度机制、主体权责的合理化、清晰化。

第一，精细科学划分“微治理”单元。划分合理的“微治理”单元对城市社区“微治理”体系建设工作开展以及主体之间的关系互动十分关

键，是影响“微治理”集体行动的协同程度的重要因素。其一，在社区范围内以小区、院落、楼栋、单元、小组等较小的空间单位作为划分依据，将治理单元“微”降维，作为城市社区“微治理”体系建设的基础性空间构成要素。其二，注重“微治理”参与主体，包括组织或个人的多样化、类型化分布，将“微单元”成员人数保持在一定数量。基于小团体理论更好地塑造“微单元”内行动成员之间的合作行为，促进不同“微单元”之间的有效协同。其三，依据划分后的既定“微治理”单元，在主体共同商议讨论的基础上，制定包括生活环境、设施维护、公共秩序、参与流程等方面的居民公约，推动城市社区“微治理”体系运行规则的逐步完善。

第二，促进城市社区“微治理”体系与社区治理制度的匹配嵌构、衔接适应。城市社区“微治理”体系的组织架构不是对既有社区治理架构的颠覆，而是在此基础上的整合完善与调整设计。其一，在人员队伍上，按照一定标准对“微单元”进行基础配备，包括联络员、志愿者、社区骨干等，配足“微单元”的服务工作力量。其二，在资源整合上，要发挥“微单元”的“地线”作用，使之具备信息收集、矛盾调解、服务供给、联动参与等复合功能，基于成员兴趣特长组建志愿者服务队和兴趣小组，推进自我管理、自我服务。其三，在专业力量上，基层政府要加强针对性培训指导，促进工作人员尽快实现角色转变，提升专业组织的沟通对话、资源应用、工作开展等能力。

第三，在借鉴先进地区实践经验中，注重路径措施的合理性与有机性。各地方开展城市社区“微治理”体系建设，往往以先行地区的典型经验为样本，而地方政府在推广社区“微治理”过程中，往往先从加强组织建设开始。社区“微治理”要在对相关社区“微治理”模式进行深入探究分析的基础上，结合当地情况，包括社区资源、居民结构、利益诉求、硬件设施、历史文化等方面因素，广泛地征求群众意见建议，群策群力推进城市社区“微治理”体系创新。其一，在城市社区“微治理”体系推广过程中，基层政府应注重“微治理”开展的多样性，避免以运动式、一刀切的方式推进体系建设，要采取复合方式精细推进落实，确保城市社区“微治理”体系能够有效与当地社区治理开展现状实现整体融合①。其二，社区要在经验复制过程中结合自身优劣势，因地制宜地进行实践创新，切忌教条主义、生搬硬套、形式主义、浮于表面，要深入分析制约居民参与的影响因素，多渠道倾听广大居民群众的意见建议，评估城市社区“微治理”体系的关键要素在本社区的基础条件。要在科学合理地分析内部优势、外部环境、创新机会、制约条件的基础上，锚定城市社区“微治理”体系建设的目标方向、重点内容以及着手之处，不断探索和创新根植于当地土壤的城市社区“微治理”体系。

二、互助共享：完善“微治理”协商议事平台

随着城市化的发展、产业结构的升级，城市社区人口的流动性、异质性、外来化特征越发明显。为达到“微治理”主体之间的关系和谐，加深社区骨干、社会组织、物业公司、本地居民、外来人口等“微单元”成员之间的认同度，需在整合不同“微治理”主体公共需求的基础上，在相关政策与规则制定中做到“既差异又兼容”，减少因户籍、身份、语言、资金、区位等因素出现的差异化待遇。充分发挥社区“微治理”的主体多元化、手段精细化、机制扁平化等优势，加强互助协作、平等合作、认同培育和多元整合。要搭建“微治理”协商议事平台，规范协商主体、协商内容、协商方式等要素，按照意见收集、议题确定、组织协商、结果反馈等环节，重点解决公共事务、政策咨询、矛盾纠纷、居民愁事等难题。

第一，在“微协商”制度上，要建立居民议事、三方会商、联席会议等协商制度。其一，建立由基层党组织、居委会、业委会、物业公司、驻区单位、社会组织、社区民警、社区居民等主体参与的居民协商议事会制度。其二，建立由街道社区牵头，“微单元”党支部具体组织，业委会、业主代表、物业公司等共同参加的三级联动多方联席会议制度，制定共驻共建协议书、共治资源清单、治理需求清单、服务项目清单“一书三单”，商议解决辖区民生困难、人居环境、资金场地、社会治理等方面的重要事项，推进社区“微治理”的共建共治共享。其三，完善社会公众列席“微

① 顾泽楠. 我国社区微治理实践困境与出路 [J]. 改革与开放，2019 (3)：74-77.

治理”工作会议制度，完善恳谈会、辩论会、听证会、议事会等协商载体与形式，促使居民有效参与决策，从而更好地满足居民需求。此外，还要积极引导城市社区“微治理”体系内外的各方力量依照相应程序和规定对“微治理”事务开展情况进行科学评判，形成民主提事、民主决事、民主理事、民主监事的良好氛围。

第二，在“微协商”平台上，发挥各类正式组织与非正式组织的作用。不仅要坚持落实民情直通车、座谈会、听证会、群众评议等既有参与制度，还要拓展如网上参与、人大代表票决为民办实事项目、选民议政代表参与基层工作等新型参与机制。其一，成立“微单元”同驻共建理事会、社企同驻共建理事会、社区同驻共建理事会、邻里互助小组、共治委员会等社区“微组织”，建立诸如“三会制度”“红色议事厅”“请您商量”“乐议厅”等一系列品牌式协商议事平台，让群众成为社区“微治理”的主体力量，构建“微单元”党组织居中引领，居委会、社会组织、物业公司、开发商、社区居民等多元主体共同参与协同的治理结构。其二，以群众趣缘为导向，培育组建兴趣小组、特色之家（如广场舞之家、合唱之家等）、文艺俱乐部等各类兴趣俱乐部（谢秋燕，2020）。成立多元化、独立化的自组织，在满足居民群众多样化服务需求的同时，促进个体融入“微单元”共同体。其三，激活社区公益慈善组织作用，鼓励参与社区“微治理”服务供给。要依托社区“微治理”项目，创立“社工+义工”共治模式，培育特色志愿服务项目，将义工队打造成为特色。同时要以奖励优秀为动力，建立义工积分考核制，倡导并践行公益契约精神。

此外，在协商内容上，不局限于文化活动、公共利益、公益服务等“微治理”事务方面，还要在行为规范、文明公约、社区环境等贴近居民日常生活方面加以扩充。要根据协商主题、问题对象的不同，采取差异化的协商机制与协商方式，做到小事简议、快事快议、难事众议，力求实现“微治理”协商的务实有效、灵活高效，保障协商成果转化落地。

三、情感互动：适当运用柔性化激励手段

柔中带刚、刚柔并济的柔性化激励，既在价值导向层面表达了以人为本的目标追求，又在实际运行中彰显出包容、关怀、灵活、信任等现代城

市治理的内在特质。柔性化激励是社区“微治理”的重要手段，相比传统的激励方式，柔性化激励更加灵活有效、更能体现激励温度，进而有效破解“微治理”中的诸多难题。采取丰富的、柔性化的激励手段，就是要在激励过程中，注重情感交流，善于运用宣传教育、说服引导、心理疏导、树立榜样、邻里互助、人民调解等柔性方法，注重开发运用情感资源，在各方“微治理”主体之间架起情感交流的桥梁，促进形成融洽和谐关系，夯实社区“微治理”的稳固根基①。通过激发居民的内在潜力与创造精神，增强居民之间的思想认同和情感认同，在彼此信任合作下共同实现“微治理”目标。

第一，健全社区“微治理”的内生性激励机制。要设计具有不同特点的激励规则，逐步完善针对性强、实效性强的激励机制，激发不同主体的行为动机与内在意愿。根据“微治理”单元的人口结构、身份职业、经济状况等现实条件进行有针对性的调整，充分考虑不同群体及个体的差异性，给予特殊群体相对倾斜性的照顾。对“微治理”主体所关心的涉及参与过程的目标实效、职责权利、可得资源等进行具体明确，从而为实现公共利益最大化奠定主体利益基础。其一，在激励理念上，强调遵循民主宽容、以人为本的理念，强调关怀、温暖、灵活、友爱等特性，注重运用民主集中制的方式技巧，重视各个“微治理”参与主体的平等性，从而充分激发居民参与“微治理”的积极性与主动性。其二，在激励手段上，运用坦诚沟通、相互体谅、说服劝导和舆论引导等非强制手段与合作方式来实现“微治理”目标，在平等互信的基础上有效沟通，从而规范社会行为、协调交往关系、形成一致意见、促进一致行动。

第二，加强社区“微治理”的情感激励保障。其一，健全城市社区“微治理”体系的社会心理服务与疏导机制，塑造自尊自信、理性平和、亲善友爱的社会心态，运用心理疏导、思想教育、人文关怀的方法，积极做好矛盾纠纷的预防、化解与宣传排查工作，激励和增强广大居民参与社区“微治理”的内驱力。其二，从道德品行层面与实质性利益层面给予激励约束与回应反馈。广泛开展优秀小组长、十星文明户、五好家庭户、好

---

① 祝阎．用柔性化治理理念创新社区微治理［N］．中国社会报，2021-03-08（002）．

媳妇、好婆婆等评选活动，通过表彰活动提振居民的精神成就感。其三，要落实以奖代补、模范带动、义工积分等工作方式，建立具体的劳动模范带动机制、劳动模范表彰机制，提高居民群众、市场企业、社会组织等各方主体参与社区“微治理”的积极性以及解决矛盾的主动性。此外，街道社区要了解辖区群众参与“微治理”的自我管理、自我服务情况，对先进积极分子提供有效的舆论保护与支持。

第三，增强对“微治理”先进组织及个人的激励。其一，强化制度规定的硬约束。设定“微治理”事务的相关工作规章，细化涉及“微治理”主体之间利益博弈的规则设定，建立兼具约束与激励作用的居民公约。明确社区“微治理”核心主体的身份与行为的合理性，在增强其遵守运行规则的自觉意识的同时，逐步形成更加牢固的责任感、认同感和归属感，避免制度缺失与利益失衡所引发的参与目标过度经济化。其二，积极培育社区“微治理”的精英骨干。运用院落长、楼栋长、单元长、小组长等在内的社区精英的引领作用，来调动群体之间的协作能力。通过给予一定报酬、开展教育培训、推荐社区后备干部、组织外出观摩学习等作为奖励条件激励和提升其参与积极性，提高参与执行力，增强拉动居民参与互动的能力。其三，善用思想理论、道德文化的感召力。通过宣传宣讲、网络授课等生动灵活的方式宣传社区“微治理”相关的人物事迹、文明准则、行为规范、先进榜样，运用身边人物、身边故事，营造浓厚的示范引领氛围。

四、共建共融：积极培育“微治理”社会资本

在“微单元”生活中，居民之间进行持续、重复的社会互动与交往，是形成社区关系网络、信任、规范等多重社会资本要素的主要机制。社区“微单元”层面的社会互动包括社团内部、组织之间、邻里之间、整体合作等互动形式，是培育社会资本的根本途径。在城市社区“微治理”体系建设中，要充分激活和调动“微单元”内部的社会资本力量，在提升服务能力、提高矛盾化解质效、促进城市社区“微治理”体系高质量发展方面产生更大效用。为此，要通过进一步完善“三社联动”机制，充分发挥社会组织、精英团体以及专业社工队伍的专业理念和工作方法，发现并满足

居民共同的生活需求，增进居民的交往意愿，创造居民之间的交往机会，从而催生信任、规范、道德、睦邻、合作、互助等社会资本要素。

第一，培育发展各类与群众利益密切相关的社区社会组织。基层政府要为各类参与"微治理"的社会组织赋权增能，拓展社会组织的运营能力和参与领域，发挥其特色文化塑造、盘活内部资源、维护社会稳定的作用。其一，健全"微治理"社会组织的培力赋能机制，搭建社会组织的成长培养平台。重点发展社区服务类、公益慈善类、养老照护类、文体娱乐类社会组织，做好"微治理"相关政务服务、志愿互助服务、便民利民服务等，从而使社会组织在城市社区"微治理"体系中发挥更多作用。其二，通过内培外引的方式，加强现存社会组织规范化建设，促进社会组织深度介入社区"微治理"，从资源配置、参与范围、权力交还等方面推动社区事务向社会组织转移。

第二，加强社工队伍的全科化、全能化建设。社会工作者的优势在于能够在政府与群众之间、不同社区居民群体之间建立联系紧密的桥梁，从而在第一时间了解、梳理、反馈和推动社情民意的有序流动与转化（黎昕、高鸿，2015）。社区工作者运用专业技能向居民提供多样化的服务，集中在社区策划、社区照顾、社区教育、社区行动、社区发展等领域。其一，基层政府要通过加强专业培养、设置社工岗位、培育社工机构、打造示范基地等举措，建立一支一人多岗、一专多能的社工队伍①，推动社区工作者向"全科全能"转变。其二，通过培育以社会工作者为主体的各类社会工作专业机构，为社区居民提供丰富多彩的社区活动和社区服务，使居民在参与过程中普遍树立共同治理理念，掌握共同治理技巧，促进社区"微治理"的公共精神生长。

第三，深入挖掘志愿服务队伍的凝聚功能。当前，社区"微治理"开展中仍然存在着有限参与的现象。"微单元"负责人，如楼栋长、单元长、小区长等多由老年群体担任，中青年群体付出的时间相对不足。对此，城市社区"微治理"体系建设应根据不同"微单元"的实际情况灵活调整参与方式，将具有相关技术专长的中青年更多纳入"微治理"工作，形成中

① 孙涛. 以"三社联动"推进基层社会治理创新［J］. 理论月刊，2016（10）：148-152.

青年专技活动制与老年公益长久制相结合的“微治理”主体参与格局。同时，应推动成立主要由老年人员构成的公益志愿组织，利用其较强的凝聚与协调能力，发挥其余热，传递爱心、组织居民、推动合作，灵活整合“微单元”内的各方资源，广泛开展各类形式的志愿服务活动。

第四，加大社会资本孵化。城市社区“微治理”体系建设需要基层政府在资金、制度、技术、人才、发展、服务、建设等方面提供大力支持。要以国家资源输入为契机，以提升社会资本为基础，以满足居民实际需求为核心，将社区内部与外部社会资源集中引进社区，将自上而下的资源用到实处，实现人力、物力、财力向社区“微治理”单元下沉。其一，引进技术支持性社会组织。由提供专业技术的专业团体与社会工作者对社区社会组织进行持续性的增能赋权，进一步提升公益性社会组织的资源汲取能力。还要重视社区“微治理”中自组织所发挥的根本性作用，在将其培育成熟之后，基层政府应逐步退出内部管理，最大限度将自主管理权交还自组织。其二，建立社会组织孵化平台。为萌芽期、初创期的社会组织创造和提供支持性环境，不仅包括物质支持、资金支持、办公服务等基础性的运作支持，还包括提供价值推广服务，如培力提升、技术融资、法律咨询等服务，提升社会组织参与社区“微治理”的持续性与助推能力。

参考文献

［1］宁华宗. 微治理：社区“开放空间”治理的实践与反思［J］. 学习与实践，2014，70（12）：88-96.

［2］黎昕，高鸿. 社区微治理：社会治理创新的重要载体［J］. 福建论坛（人文社会科学版），2015（9）：143-148.

［3］尹浩. 城市社区微治理的多维赋权机制研究［J］. 社会主义研究，2016（5）：100-106.

［4］李永萍. 基层小微治理的运行基础与实践机制：以湖北省秭归县“幸福村落建设”为例［J］. 南京农业大学学报（社会科学版），2016，16（5）：46-54，155.

［5］程同顺，魏莉. 微治理：城市社区双维治理困境的回应路径［J］. 江海学刊，2017（6）：123-131，239.

［6］谢正富. 老城区社区“微治理”问题与对策研究［J］. 学习月刊，2016（10）：47-49.

［7］史云贵，刘晓燕. 县级政府绿色治理体系的构建及其运行论析［J］. 社会科学研究，2018（1）：81-88.

［8］李婷婷. 城市社区微治理的实践困境及其破解［J］. 理论探索，2018（3）：88-96.

［9］李璐. 城市社区“微治理”：社会治理精细化的实现路径：以成都市成华区为例［J］. 福建论坛（人文社会科学版），2018（9）：158-164.

［10］陈伟东，熊茜. 论城市社区微治理运作的内生机理及价值［J］. 吉首大学学报（社会科学版），2019，40（1）：57-64.

［11］张丙宣. 赋权、约束与身份构建：新时代城市微治理的逻辑［J］. 云南社会科学，2019（5）：86-93，187.

[12] 王倩，危怀安．城市社区微治理主体博弈逻辑与协同路径研究［J］．西南民族大学学报（人文社科版），2020，41（5）：194-201.

[13] 梁贤艳，江立华．划界与跨界：城市社区“微治理”中的政府职能边界研究［J］．青海社会科学，2020（5）：106-113.

[14] 谢秋燕．基层社会“微治理”的生成逻辑与实施路径研究：以社会治理精细化为视角［J］．理论导刊，2020（10）：79-84.

[15] 郑晓东，黄凡，马好梦．场域理论下社区微治理的生成与运行机制研究［J］．治理研究，2021，37（1）：59-69.

[16] 闫冰．城市社区治理的碎片化及其整合：协同治理的视角［J］．郑州大学学报（哲学社会科学版），2021，54（5）：27-32.

[17] 李爱爽．小城镇社区微治理的运行机制与治理效果：基于浙北C镇的实证研究［J］．理论月刊，2022（5）：42-52.

[18] 武中哲．社区微治理的基层逻辑与社区福利建构［J］．理论学刊，2022（4）：153-160.

[19] 汪仲启，周彦如．微治理：基层社会治理现代化的观念容器与实践载体［J］．党政研究，2022（5）：89-100，127.